Elizabeth Clare Prophet

Die Entfaltung deiner Seele

Hinweis: Das Symbol der Blume, das in diesem Buch immer wieder erscheint, stellt das Chakra oder Energiezentrum mit den sechs Blütenblättern und dem Namen »Sitz der Seele« dar. Das »Sitz-der-Seele-Chakra« befindet sich auf spiritueller Ebene zwischen dem Wurzelchakra und dem Nabel.
Die Seele ist über dieses Chakra mit dem physischen Körper verbunden. Es ist der Punkt, über den wir mit unserer Seele in Kontakt treten und ihre Eindrücke und Führung erhalten. Die Energie des Seelenchakras fördert unsere Intuition und unser Freiheitsgefühl.

DIE ENTFALTUNG DEINER SEELE

So finden Sie die Perle Ihrer wahren Identität

ELIZABETH CLARE PROPHET

Aus dem Amerikanischen von Andrea Fischer

SILBERSCHNUR

Originaltitel: The Story of your Soul. Recovering the Pearl of your true Identity *by Elizabeth Clare Prophet*

Contact:
Summit University Press
63 Summit Way, Gardiner, Montana 59030
Tel.: 406-848-9500 - Fax: 406-848-9555
E-mail: info@summituniversitypress.com
Website: http://www.summituniversitypress.com

ISBN: 987-3-89845-273-1

1. Auflage 2009

Übersetzung: Andrea Fischer
Gestaltung & Satz: XPresentation, Boppard
Druck: Finidr, s.r.o. Cesky Tesin

Verlag "Die Silberschnur" GmbH · Steinstr. 1 · 56593 Güllesheim
www.silberschnur.de · E-Mail: info@silberschnur.de

Inhalt

Hinweis der Herausgeber

Elizabeth Clare Prophet hat oft über die große Chance referiert, die jede Seele erhält, um eine außergewöhnliche Lebensaufgabe zu erfüllen. Dieses Buch ist eine Sammlung von ausgewählten veröffentlichten und unveröffentlichten Vorträgen der Autorin, die sie über viele Jahre hinweg hielt. Es wurden Affirmationen, Meditationen, Fragen und Übungen eingefügt, damit Sie sich in Selbstreflexion üben und Ihre Erfahrungen in Leserforen diskutieren und vertiefen können.

Wir würden uns freuen, von Ihnen über Ihre Erfahrungen und Erkenntnisse aus der Lektüre dieses Buches und Ihre praktische Umsetzung der darin vorgestellten spirituellen Werkzeuge zu hören. Bitte schreiben Sie uns an unsere Adresse:

Pocket Guides to Practical Spirituality (Taschenbuchratgeber für praktische Spiritualität),
63 Summit Way, Gardiner, Montana 59030,
oder nehmen Sie mit uns Kontakt auf über:
MyStory@summituniversitypress.com.

Die Herausgeber
Summit University Press

Unsere Geburt ist nur ein
Schlaf und ein Vergessen:
Die Seele, die mit uns aufsteigt,
unser Lebensstern,
hat ihren Ursprung anderswo
und kommt von weit her.
Nicht in vollkommener Vergessenheit,
auch nicht in völliger Nacktheit,
sondern mit wehenden Wolkenfahnen
des Ruhmes ziehen wir ein,
von Gott kommend, der unser Zuhause ist.

William Wordsworth

TEIL 1

Wer bin ich?
Warum bin ich hier?
Wo gehe ich hin?

Die Geschichte Ihrer Seele

Stellen Sie sich einmal vor, Sie seien ein Prinz. Eines Tages schicken Ihre Eltern, der König und die Königin, Sie auf eine Mission in ein fernes Land. Sie sollen eine Perle finden, die von einem hungrigen Drachen bewacht wird.

Sie legen Ihre Königsrobe ab und verlassen das Königreich Ihrer Eltern. Sie reisen in jenes ferne Land, legen schmutzige Kleider an und verkleiden sich wie einer aus dem Volk. Irgendwie merken die Menschen dieses Landes, dass Sie ein Fremder sind. Sie geben Ihnen Speisen, die bewirken, dass Sie Ihre königliche Herkunft vergessen und glauben, Sie seien einer von ihnen. Sie versinken in einen tiefen Schlaf.

Ihre Eltern erkennen Ihre missliche Lage und schicken Ihnen einen Brief, in dem sie Ihnen schreiben, dass Sie aufwachen sollen. Das erinnert Sie daran, dass Sie auf der Suche nach der verlorenen Perle sind. Sie erinnern sich wieder daran, wer Sie sind – ein Königskind. Geschwind bezwingen Sie den Drachen, finden die Perle wieder und machen sich auf den Rückweg – die schmutzigen Kleider lassen Sie zurück.

Als Sie in Ihr Heimatland zurückkehren, sehen Sie Ihr Königsgewand. Es erinnert Sie an den Glanz, in dem Sie vorher gelebt haben. Das Gewand spricht zu Ihnen und erzählt Ihnen, dass es dem gehört, der stärker ist als alle menschlichen Wesen. Sie legen Ihr Königsgewand wieder an und kehren in den Palast Ihres Vaters zurück.«[1]

In dieser Geschichte über die Suche nach einer Perle liegt die schwer fassbare Antwort auf die ewigen Lebensfragen: "Wer bin ich?" "Warum bin ich hier?" "Wo gehe ich hin?". Basierend auf einem göttlich inspirierten Gedicht der Gnostiker mit dem Titel "Loblied auf die Perle" ist diese Geschichte eine Allegorie für das tiefe Mysterium der Reise Ihrer Seele vom Sitz ihrer Herkunft hinab auf die Erde - und wieder zurück.

Es ist die Geschichte der Seele, die sich von den spirituellen Reichen auf die irdischen Ebenen der Illusion hinabbegibt und die Erinnerung an ihren* Ursprung verliert. Sie ist mit den Versuchungen und Widrigkeiten des niederen Lebens konfrontiert, bis sie dem Ruf, nach Hause zurückzukehren, nachkommt - dem Ruf, der zum Aufstieg der Seele führt und in der Vereinigung mit ihrem Gott gipfelt. Ich betrachte dies als die Geschichte Ihrer Seelenreise, die vom höchsten Punkt des Bewusstseins auf diese Ebenen hier unten reist und dann mit der Perle zurückkehrt. Die Perle symbolisiert das Wissen Ihrer Seele um ihre wahre Identität. Diese Perle aufzuspüren und sie nach Hause zu bringen bedeutet, die Seele mit ihrer wahren Identität, mit ihrem Höheren Selbst, zu vereinen.

Der grandiose Plan des Lebens

Jede Seele ist Teil eines größeren Systems. Der Schöpfer wählt in der Menschheitsgeschichte für jede einzelne Seele genau den passenden Zeitpunkt aus, an dem sie zur Erde kommen soll, um am göttlichen Wettbewerb der Jahrzehnte und Jahrhunderte

* *Die Seele von Mann und Frau ist im Gegensatz zu dem männlichen - oder spirituellen - Teil Ihres Seins weiblich. Sie trägt daher im Deutschen den weiblichen Artikel.*

teilzunehmen. Dieser Zeitplan der Zeugung und der Geburt jedes Kindes ist Teil des grandiosen Lebensplanes Gottes - eines Planes, der so exakt ist, dass die Gene in jedem winzigen Embryo zum Zeitpunkt der Empfängnis bereits mit der spezifischen Seele korrelieren, die diesen bewohnen wird.

Denken Sie darüber nach, wie wunderbar Sie erschaffen wurden, wie sehr Gott persönlich für Sie gesorgt hat, wie Ihr Vater-Mutter-Gott Ihre Empfängnis in Auftrag gegeben und Ihre Eltern, Ihr Leben, Ihren Lebenssinn und Ihren Daseinszweck bestimmt hat.

Doch Gott hat nicht erst an Sie gedacht, kurz bevor Sie geboren wurden. Er hat bereits darüber nachgedacht, wessen Ururgroßmutter bzw. Ururgroßvater Sie sein könnten. Der Plan des großen Geistes Gottes, jenes gigantischen kosmischen Computers, ist so unermesslich, dass keiner von uns diesen jemals auch nur im Ansatz verstehen könnte.

Haben Sie sich also jemals als ungewolltes Kind gefühlt, so können Sie dafür sorgen, dass Ihre Seele von dieser Belastung geheilt wird. Denn Ihr Vater-Mutter-Gott hat Sie von Anfang an und durch alle Herausforderungen Ihres Lebens hindurch geliebt, und er wird Sie die ganze Zeit über lieben, bis Sie wieder nach Hause zurückkehren.

Während jeder von uns auf dieser Reise ist, haben wir eine Mission zu erfüllen und müssen eine einzigartige Identität manifestieren. Gott schuf uns nicht nach einem kosmischen Nullachtfünfzehn-Strickmuster, das exakt seinem Vorbild entspricht. Er hat vielmehr jeden Einzelnen von uns mit einer eigenen und markanten Blaupause ausgestattet, die wir lediglich mit einem anderen Menschen - mit unserer anderen Hälfte, unserer Zwilllingsflamme - teilen. Diese Blaupause ist ein Gedanke, den Gott uns als Keim eingepflanzt hat und der uns motiviert, unsere Reise fortzusetzen. Er regt uns an und trägt uns vorwärts und aufwärts; er motiviert uns dazu weiterzustreben.

> *Versuche, dich selbst mehr so zu sehen, wie Gott es tut: Denn Gott lässt sich niemals verwirren und kann in dir nur sich selbst sehen.*
> Hafiz

Dem großen Ziel entgegenstreben

Wenn wir uns nicht bemühen und nicht auf kleinere oder größere Ziele hinarbeiten, die uns zu unserer letztendlichen Bestimmung führen, fühlt sich unsere Seele unglücklich. Dieser Zustand des Unglücklichseins zeigt sich möglicherweise in Form einer Krankheit, in Langeweile oder Selbsttäuschung. Er kann die Gestalt von Launenhaftigkeit oder leichter Gereiztheit sowie von Problemen mit Familienangehörigen oder anderen Menschen annehmen - Aspekte, die wir üblicherweise nicht mit der Unzufriedenheit unserer Seele in Verbindung bringen. Und doch übt unsere Seele Druck auf unsere bewusste Wahrnehmung im Außen aus: "Du unterdrückst mich. Du erfüllst derzeit nicht den Zweck, zu dem ich geboren wurde. Ich werde dich daher nicht in Ruhe lassen. Ich werde dich plagen, bis du wieder umkehrst und dem inneren Lebensplan folgst."

Unser göttlicher Plan wartet darauf, dass wir ihn freiwillig bestätigen. Wenn wir an Vorbestimmung glauben, könnten wir zu der Annahme kommen, wir bräuchten gar nichts zu tun - weil sowieso alles von selbst passiert. Doch in Wirklichkeit können wir uns dank der Gabe unseres freien Willens entscheiden, ob wir unseren göttlichen Plan umsetzen wollen - oder eben nicht.

Ich kann mich an Zeiten erinnern, als ich von meinem göttlichen Plan nur so viel wusste, dass ich in diesem Leben etwas für Gott tun soll, dass ich eine Mission habe und herausfinden muss, worin diese besteht. Da ich es aber nicht wusste, wurde es zu meiner Aufgabe, dies herauszufinden. Jeden Tag meiner Kindheit und Schulzeit versuchte ich daher, die Themen zu studieren und zu verfolgen, die, wenn ich sie einmal gemeistert hatte, mich der Erkenntnis meiner Lebensaufgabe näherbringen würden.

Kennen Sie Ihre Lebensaufgabe, Ihren göttlichen Plan? Ein Hinweis ist: Ihre Lebensaufgabe ist oft mit dem identisch, wofür Sie sich leidenschaftlich begeistern. Sie können sich also fragen, was Sie leidenschaftlich gern tun. Ein anderer Hinweis verbirgt sich darin, dass es normalerweise zu Ihrer Mission gehört, die Talente, die Gott Ihnen mit Ihrer Seele mitgegeben hat, bis zur Perfektion hin zu verbessern.

Vor allem anderen aber besteht der Sinn des Lebens, die Antwort auf die Frage "Warum bin ich hier?" darin, Gott zu finden - in sich selbst, in Ihren Talenten, in Ihrer Berufung und in Ihrem Dienst am Leben. Der Sinn des Lebens besteht darin, alles, was Sie tun, mit dem Geist Gottes zu durchtränken. Und alles mit dem Geist Gottes zu durchtränken bedeutet, seinen Geist in Ihnen auf Dauer zu verankern. Dies ist die Reise der Integration, die Wiederkehr ins Königreich Ihres Vater-Mutter-Gottes.

Das göttliche Potenzial Ihrer Seele

Die folgende Kurzbetrachtung jener "Perle" kann als Landkarte für Ihre persönliche Reise dienen. Sie kann auch hilfreich dabei sein, eine Antwort auf die Fragen "Wer bin ich?" und "Wo gehe ich hin?" zu finden.

Die Seele ist das lebendige Potenzial Gottes – der Teil von uns, der sterblich ist, jedoch unsterblich werden kann. Sie erlangt ihre Unsterblichkeit im Verlauf ihrer Reise.

Während Sie daran denken, dass diese Perle das Wissen der Seele um ihr Höheres Selbst darstellt, können Sie über dem folgenden Bild meditieren – die Darstellung Ihres göttlichen Selbst (siehe Seite 20). Dies ist eine Abbildung Ihrer spirituellen Anatomie – Ihrer göttlichen Natur und direkten Beziehung zu Gott.

Diese Darstellung zeigt drei unterschiedliche Bewusstseinsebenen. Im Zusammenhang mit der Geschichte Ihrer Seelenreise können Sie die untere Gestalt als das Bewusstsein Ihrer Seele und die mittlere Gestalt als das Bewusstsein Ihres Höheren Selbst, als Ihren "Reiseleiter", betrachten. Die obere Gestalt kann als das Geburtsrecht auf das königliche Bewusstsein gesehen werden, das Ihnen gehört, wenn Sie am Ende wieder zu Ihrem himmlischen Wohnsitz zurückkehren.

Die ICH BIN-Gegenwart

Die höchste Bewusstseinsebene wird von der oberen Gestalt verkörpert, von der Gegenwart Gottes in Ihnen, vom Vater-Mutter-Gott, vom allliebenden, allwissenden, allreinen, allmächtigen Gott. Diese ist die ICH BIN-Gegenwart, die Gegenwart Gottes, die in jedem von uns individuell existiert. Es ist Ihr personalisiertes ICH BIN DER ICH BIN - das ist der Name Gottes, den dieser am Berg Sinai Moses offenbarte, indem er sagte: "Das ist mein Name ewiglich, dabei soll man mein gedenken für und für."[2]

Gott bemerkte unsere Not, vergessen zu haben, woher wir gekommen sind und wer wir ursprünglich waren. Daher schenkte er uns die Erinnerung (engl. "memory") an ihn, ein Denkmal (engl. "memorial") der Erinnerung. Er schenkte jedem von uns eine ICH BIN-Gegenwart - einen Teil seines Wesens und seines Bewusstseins (siehe hierzu auch die Abbildung auf S. 20). Dies ist das Bewusstsein, das Sie wie ein Kleidungsstück anlegen werden, wenn Sie am Palast

Die Darstellung Ihres göttlichen Selbst

Ihres Vaters ankommen, genauso wie der Prinz in unserer Geschichte.

Ihre ICH BIN-Gegenwart ist von sieben konzentrischen Kugeln umgeben, die vor spiritueller Energie nur so pulsieren. Diese Kugeln, die "Kausalkörper" genannt werden, haben die Erinnerung an all die guten Werke gespeichert, die Sie jemals getan haben. Sie sind dort als Ihre Schätze im Himmel gespeichert, quasi als Ihr kosmisches Bankkonto. Es gibt keine zwei absolut identischen Kausalkörper, da ihre schillernden Kugeln jeweils die einzigartige spirituelle Leistung jeder individuellen Seele widerspiegeln.

Ihr Höheres Selbst

Die mittlere Gestalt der Abbildung stellt Ihr Höheres Selbst dar. Dies ist Ihr innerer Lehrer, Ihr liebster Freund und die Stimme des Bewusstseins, die Sie auf Ihrer Reise nach Hause führt, warnt und tröstet. Das Höhere Selbst wird Sie unfehlbar leiten, wenn Sie mit dieser ruhigen, gedämpften Stimme in Ihnen in Resonanz gehen und sich selbst quasi "auf Empfang" stellen.

Jesus entdeckte das Höhere Selbst als "den Christus", Gautama entdeckte es als "den "Buddha". Folglich wird das Höhere Selbst manchmal als "innerer

Christus" (oder "Christusselbst") oder "innerer Buddha" bezeichnet. Christliche Mystiker sprechen manchmal vom "inneren Mann im Herzen" oder "inneren Licht". Die Upanishaden schließlich beschreiben es auf geheimnisvolle Weise als "daumengroßes Wesen", das "tief im Herzen wohnt". Ob wir es nun "Christus", "Buddha", "Atman" oder "Tao" nennen - jeder von uns sollte mit seinem Höheren Selbst eins werden.

Die Kristallschnur und die dreifältige Flamme

Wenn Sie die Abbildung betrachten, werden Sie auch ein weißes Lichtband erkennen, das sich von Ihrer ICH BIN-Gegenwart in Ihr Herz hinabzieht. Es wird "Kristallschnur" oder "Silberschnur" genannt und stellt den kristallklaren Fluss des Lebens dar, der in der Bibel im Buch der Offenbarung erwähnt ist.[3]

Er ist wie ein mächtiger Energiestrom - Energie, die uns die Fähigkeit verleiht, zu denken, zu empfinden, vernünftig zu urteilen, das Leben zu erfahren und spirituell zu wachsen. Wenden wir jedoch unsere Aufmerksamkeit von jenen Dingen ab, die zum Daseinszweck unserer Seele beitragen, so beginnt jene Energie, sich zu zersetzen. Kleine Rinnsale an Energieströmen zweigen vom Hauptstrom und der Blaupause unseres Lebens ab. Dies kann uns unter Umständen vollständig der Kraft berauben, die wir brauchen, um unsere Mission zu erfüllen.

Ihre Kristallschnur nährt und erhält die Flamme Gottes, die in den spirituellen Ebenen in der verborgenen - oder geheimen - Kammer Ihres Herzens verankert ist. Diese Flamme wird als "dreifältige Flamme" oder "göttlicher Funke" bezeichnet, im wörtlichen Sinne also ein Funken des heiligen Feuers aus Gottes Herzen höchstpersönlich, der in Ihnen entzündet wurde. Indem Sie voll und ganz auf die Weisheit und Liebe Ihrer dreifältigen Flamme zugreifen, können Sie den Daseinszweck Ihrer Seele erfüllen.

Stellen Sie sich die Geheimkammer Ihres Herzens als Ihren privaten Meditationsraum vor. Es ist der Ort, an dem Sie sich mit Ihrem inneren Buddha, mit Ihrem inneren Christus, austauschen können. Jesus meinte jene Geheimkammer des Herzens, als er davon sprach, "in die Kammer zu gehen", um zu beten. Die Mystikerin Teresa von Avila bezeichnete diese Geheimkammer als ihre "innere Festung". Tatsächlich bedeutet das Betreten dieser Kammer den Eintritt in eine andere Dimension des Bewusstseins.

Ihre vier niederen Körper

Die untere Gestalt in der Abbildung stellt Ihre inkarnierte Seele dar, die sich in Raum und Zeit entfaltet. Ihre Seele ist in die Gewänder von vier niederen Körper gekleidet, obgleich nur der physische Körper abgebildet ist. Das sind vier Energiefelder oder Bewusstseinshüllen. Sie gleichen Mehlsieben, die ineinandergesteckt sind, und ein jedes von ihnen schwingt in einer anderen Dimension. Sie umgeben Ihre Seele und dienen ihr als Gefährt, um sich in der materiellen Welt zum Ausdruck zu bringen.

Neben Ihrem physischen Körper besitzen Sie auch einen emotionalen Körper, einen Körper des Begehrens - den Körper Ihrer Gefühle und Ihres Verlangens. Außerdem haben Sie einen Mentalkörper, den Körper des Denkens und des Verstehens. Der ätherische Körper, der die höchste Schwingung dieser vier Körper hat, ist Ihr Körper der Erinnerung.

Befinden sich all Ihre vier niederen Körper in Harmonie, wie ein Set von Sieben, deren Löcher genau übereinanderliegen, so kann das Licht Ihrer ICH BIN-Gegenwart frei durch diese hindurchfließen. Ein Teil der Arbeit Ihres spirituellen Weges besteht also darin, die Balance dieser Körper zu erreichen - die physische, psychische, mentale und spirituelle.

Der Aufstieg – die Himmelfahrt

Das Ziel der Reise jeder Seele durch Raum und Zeit besteht darin, sich dauerhaft mit ihrem Höheren Selbst und der ICH BIN-Gegenwart zu vereinen, und zwar im Ritual des Aufstiegs unserer Seele. Dies ist die Integration der drei Ebenen des Bewusstseins, wie in der Darstellung abgebildet. In den westlichen Religionen sprechen wir davon, dass wir in den Himmel gekommen sind. Nach östlicher Vorstellung haben wir die Befreiung oder "parinirvana" erlangt. Gemäß dem Gnostizismus haben wir unsere Perle wiedergefunden und sind zu unseren göttlichen Eltern zurückgekehrt. Hierbei handelt es sich lediglich um verschiedene Weisen, den Bewusstseinszustand der Seele zu beschreiben, wenn diese aufgestiegen und wieder in das Herz Gottes zurückgekehrt ist.

Eine kraftvolle Möglichkeit, Ihre Reise zu beschleunigen, besteht darin, spirituelles Licht und insbesondere die violette Flamme anzurufen. Die spirituelle Energie der violetten Flamme ist als Licht abgebildet, das die untere Gestalt in der Abbildung umgibt. Die violette Flamme ist die Farbe und Frequenz des spirituellen Lichtes, das die Qualitäten von Gnade, Gerechtigkeit, Freiheit und Verwandlung fördert. Sie kann angerufen werden, um Ihre vier niederen Körper zu reinigen und negative Gedanken und Gefühle zu verzehren. Die Abbildung zeigt außerdem eine Schutzhülle in Form einer weißen Lichtsäule, die als Antwort auf Ihre Gebete direkt von Ihrer ICH BIN-Gegenwart herabströmt. (Siehe S. 125-145, dort erfahren Sie, welche Anrufungen Sie an die violette Flamme und die Säule des Lichts richten können.)

Die Darstellung kann folglich als Abbild der Geschichte des Prinzen betrachtet werden - oder der Geschichte Ihrer Seele, die die Perle wiederfindet und schließlich in das Königreich von Vater-Mutter-Gott zurückkehrt.

Die Trikaya – oder die drei Körper des Buddhas

Einige Buddhisten sind der Überzeugung, dass jeder Buddha-Aspirant nacheinander drei Körper wie ein Gewand annimmt. Er beginnt auf der Ebene des Nirmanakaya, auch »Körper der Verwandlung« genannt. Dies ist die physische Form eines inkarnierten Buddhas, wie etwa Gautama Buddha. Es handelt sich auch um den geläuterten, gereinigten Körper des strebsamen Schülers, der sich auf dem spirituellen Pfad entwickelt. Auf unserer bildlichen Darstellung entspricht dies der unteren Gestalt.

Dann legt der Aspirant das Sambhogakaya an – den »Körper der Segnungen« oder den »Körper der Inspiration«. Damit ist das Buddhaselbst (oder Christusselbst) gemeint, das der mittleren Gestalt in der Abbildung entspricht.

Daraufhin legt er das Dharmakaya an, das auch »Körper des großen Gesetzes« oder »Körper der ersten Ursache« genannt wird – der zeitlose und ewig währende Körper Buddhas. Er entspricht der oberen Gestalt in der Abbildung.

Werden diese drei Körper des Buddhas vereint und gleichzeitig erfahren, so bezeichnet man sie als »Vajrakaya«. Im Sanskrit bedeutet »vajra« »der Diamant«, das Symbol für den Zustand nach dem Aufstieg der Seele.

Die Vereinigung dieser drei Körper entspricht der vollen Integration ihres göttlichen Urbildes – des Christusselbst und der ICH BIN-Gegenwart – durch die Seele sowie ihrem letzten Aufstieg zu ihrem Gott.

Seelenreflexionen

1. Stellen Sie sich vor, Sie wären der Prinz in der Geschichte.
   Wo sehen Sie sich selbst auf der Reise?
   Wie Sie aus dem Tiefschlaf erwachen?
   Wie Sie gerade mit Drachen kämpfen?
   Wie Sie die Perle wiederfinden?

2. Was halten Sie für Ihre einzigartige Mission?
   Wenn Sie wissen, wie diese lautet: Gibt es möglicherweise einen weiteren Aspekt über das hinaus, was Sie bislang getan haben?
   Wenn Sie es nicht wissen: Überlegen Sie sich, was Sie gern tun, was Ihnen das größte Gefühl der Erfüllung verschafft, sowie überdenken Sie Ihre Gaben und Talente. Oder fragen Sie fünf Menschen, die Sie gut kennen, was diese für Ihre besonderen Fähigkeiten halten. Denken Sie über all diese Dinge nach, um zu sehen, ob diese Ihnen irgendwelche Einblicke in Ihre Mission schenken.

3. Wie spricht Ihre Seele gerade in diesem Augenblick zu Ihnen durch Ihren Körper, Ihren Geist und Ihre Emotionen?

Wie versucht sie möglicherweise, Ihre Aufmerksamkeit zu erlangen?
Schreiben Sie Ihre Gedanken nieder. Achten Sie dann, während Sie die Lektüre dieses Buches fortsetzen, aufmerksam darauf, wie Sie mit Ihrer Seele zusammenarbeiten könnten, um diese Dinge zu lösen und Ihr Leben besser und erfüllter zu gestalten.

4. In welcher Weise erweitert die Darstellung Ihres göttlichen Selbst Ihr Verständnis darüber, dass Sie ein spirituelles Wesen sind?

TEIL 2

Die Kontinuität Ihrer Seele

Der freie Wille

Um den spirituellen Pfad zu verstehen, ist es von grundlegender Bedeutung, ganz von vorn zu beginnen - nämlich zu erkennen, dass wir ursprünglich nur Licht waren und in einem spirituellen Kosmos lebten. Wir baten um das Geschenk des freien Willens - Gott kam unserer Bitte nach, und wir gelangten in die Sphären eines materiellen Universums. Allmählich verstrickten wir uns in immer dichtere Ebenen, bis wir uns auf diesem kleinen Planeten inkarniert vorfanden, irgendwo draußen, auf einem verlassenen Feld, weit entfernt von unserem spirituellen Zuhause.

Der freie Wille ist Gottes Geschenk an den Menschen, damit er sich selbst bestimmen kann. Er schenkt uns die Schöpferkraft, so dass wir gemeinsam mit Gott und den anderen Menschen zum Schöpfer werden. Wir können das göttliche Licht und die Energie, die uns zufließen, ganz nach unserem Belieben einsetzen. Wir können unsere Wünsche für gute oder schlechte Zwecke einsetzen. Wir können Dinge verändern. Jeden einzelnen Tag und Augenblick, in allem, was wir tun, üben wir unseren freien Willen aus. Daher ist der freie Wille der Dreh- und Angelpunkt unseres Daseins und wahren Seins.

Gott weiß, dass wir mit allem, was es in dieser Welt gibt, in Kontakt kommen werden. Wir werden unsere Lektionen lernen, einige der für uns vorgesehenen Prüfungen ablegen, nicht notwendigerweise alle, und so manchen Versuchungen widerstehen, anderen nicht unbedingt. Die Essenz all dieser Erfahrungen ist die Meisterschaft über uns selbst sowie eine größere Liebe, die in unserem Inneren wächst, während wir allmählich von unserem niederen Selbst befreit werden und uns mit unserem Höheren Selbst vereinen.

Manchmal glauben die Menschen an Vorbestimmung und Schicksal. Doch in Wirklichkeit bestimmen wir den Verlauf unseres Schicksals jeden Tag durch unsere freiwilligen Entscheidungen darüber, was wir mit unseren Lebensumständen anfangen. Und "Lebensumstände" ist ein anderer Begriff für "Karma".

Karma

Karma ist ein Wort aus dem Sanskrit und bedeutet "Handlung", "Aktion", "Arbeit" oder "Tat". Die Lehren des Hinduismus und Buddhismus besagen, dass es sich beim Gesetz des Karmas um ein universelles Gesetz von Ursache und Wirkung handelt, das jeden betrifft. Wie es in Newtons drittem Grundsatz der Bewegung heißt: "Actio ist gleich reactio." Oder: Jede Aktion (Kraft) erzeugt immer auch eine gleich große Reaktion (Gegenkraft), die auf den Verursacher der Kraft zurückwirkt. Um es mit einfachen Worten auszudrücken: Wie man in den Wald hineinruft, so schallt es zurück. Was auch immer wir tun, kommt in vollem Maße wie ein Bumerang wieder zu uns zurück, um aufgelöst zu werden.

Das Gesetz des Karmas ist untrennbar mit dem Leben auf Erden verbunden. Nahezu alles, was wir tun, setzt etwas in Bewegung, das seine Kreise ziehen wird. Ein falsches Wort, eine unbedachte Bemerkung kann jemanden einen Tag oder gar eine Woche lang beeinträchtigen. Wir haben eine Ursache geschaffen - sie wurde in Bewegung gesetzt. Auf die gleiche Weise können wir Freude und Trost, Wissen oder ein Körnchen Wahrheit vermitteln, das den anderen zu einem Erkenntnisschub verhilft. Auch dies sind Ursachen, die wir durch unseren freien Willen in Bewegung gesetzt haben - Ursachen, die weiter Wellen schlagen und andere berühren werden. Wir erkennen also allmählich, dass wir für alles, was wir denken, fühlen, sagen und tun - oder auch nicht tun - absolut verantwortlich sind.

Karma ist sehr wichtig, doch schwer wiegender noch ist die Entscheidung. Karma ist lediglich der Umstand der Entscheidung.
Blätter aus Moryas Garten

Eine andere Definition von Karma lautet: "bedingungslose Liebe". Gerade weil Gott uns liebt, lässt er es zu, dass unser Karma wieder auf uns zurückfällt. Indem wir auf der Empfängerseite der Ursachen stehen, die wir in Gang gesetzt haben, erkennen wir die Folgen dessen, was wir tun und nicht tun. Wir lernen, anderen so zu begegnen, wie wir auch gern von ihnen behandelt werden möchten, und das fördert unsere Seele in ihrer Entwicklung. ("Was du nicht willst, das man dir tu, das füg' auch keinem anderen zu.") Folglich ist das Gesetz des Karmas das Gesetz der Liebe.

Es lehrt uns Mitleid sowie Demut, Mitgefühl, Gnade und Sensibilität für das Leben. Es bringt Gewissensbisse und Versöhnung mit sich. Es lehrt uns zu lieben, so wie es kein anderer Prozess möglich macht.

Umgang mit dem Karma im Alltag

Jeden Morgen begrüßt uns das Bündel Karma, das uns für den Tag zugeteilt worden ist, an der Türschwelle. Uns wird ein Teil gutes Karma zugewiesen, das auf der Liebe, dem Trost und der Erleuchtung beruht, die wir in der Vergangenheit dem Leben haben zuteil werden lassen. Ebenso stellt sich auch eine gewisse Portion unseres negativen Karmas ein, um aufgelöst zu werden.

Gutes Karma kann sich in jeglicher Form manifestieren - angefangen bei einem Kreis von uns hilfreichen und helfenden Familiemitgliedern oder Freunden, bis hin zu Genialität, Fähigkeiten und Talenten. Unser positives Karma kann uns wie eine Rakete auf dem Weg unserer Seelenmission durchstarten lassen.

Negatives Karma kann sich in jeglicher Form manifestieren - angefangen von destruktiven Verhaltensmustern, über Krankheiten, Unfälle bis hin zu schwierigen Beziehungen. Wenn uns negatives Karma überkommt, haben wir die Wahl. Wir können entweder der Tendenz unseres Karmas und unserer Vergangenheit nachkommen oder es herausfordern. Wir können sagen:

Stehe früh auf, und denke über deine Taten sowie die Welt nach, die dir bevorsteht. Denn vielleicht wirst du die Gewissheit erlangen, dass die Früchte all deines Handelns über dich nachdenken werden.
Alter Sanskritspruch

"Ich bin nicht das Opfer meiner Sternenkonstellation, meines Schicksals oder meines Karmas. Ich bin ein neues Wesen. Und heute beschließe ich, dass ich bei jeder Handlung alles mit Liebe tun werde. Wenn ich meinen Nachbarn gestern gehasst habe, so liebe ich meinen Nachbarn heute. Dies ist mein freier Wille, und ich entscheide mich, in diesem Leben eine neue Bahn einzuschlagen - die Bahn des Erfolgs."

Laut westlichem Denken ist Vergnügen gut und Schmerz etwas Schlechtes. Wenn man erfahren muss, wie negatives Karma zurückkehrt, ist das manchmal schmerzhaft, doch Schmerz kann ein Lehrer sein, eine Art "Reiniger". Schmerz ist bei unserem Entwicklungsstand ein Ding der Notwendigkeit - er lehrt uns, die Ursachen von Schmerz zu beseitigen und die Ursachen für Segen auf dem Weg zu unserer Wiedervereinigung mit Gott in Gang zu setzen.

Das eigene Karma auszugleichen ist ein Weg, der Freude bereitet, denn man bezahlt seine karmischen Schulden voll und ganz ab. Es ist vergleichbar mit dem Gefühl, das man hat, wenn man am Ende des Monats all seine Rechnungen begleichen kann.

"Zahle deine Rechnungen, wenn sie fällig sind", lautet ein Leitspruch der Seele auf dem spirituellen Pfad. Selbst wenn Sie manches nicht als Karma einstufen, weiß Ihre Seele darum und drückt tiefe Freude darüber aus, dass ihre Schulden mit Würde beglichen werden. Sie kommen Ihrer Verantwortung und Schuld nach. Sie lindern Schmerzen und dienen, so dass das Leben befreit wird. Damit stellen Sie sich auf die richtige Seite des großen Gesetzes oder Karmas.

Wenn Sie auf der richtigen Seite des Karmas stehen, wird es für Sie arbeiten. Es wird Ihnen die Türen öffnen, so dass Sie beständig mehr und häufiger Segnungen ernten, weil Sie viele andere positiv berühren.

Im Idealfall gleichen wir tagtäglich Karma aus und erzeugen kein neues negatives Karma. Wir können altes Karma aus vergangenen Leben durch gute Taten, Hingabe, Gebete und die violette Flamme ausgleichen.

Die violette Flamme ist eine einzigartige spirituelle Energie, die negatives Karma verwandelt oder umformt. Um zu verstehen, wie die violette Flamme funktioniert, können wir die alte Kunst des Feng-Shui betrachten. Gemäß dem Feng-Shui bestimmen ein Stau bzw. die Art Ihres physischen Umfeldes den Energiefluss in Ihrem Umfeld. Dieser Energiefluss beeinflusst Ihre Gesundheit, Ihren Wohlstand, Ihre Beziehungen und sogar den Verlauf Ihres Lebens sehr stark. Ebenso kann "karmische Verstopfung" in Ihrem Körper, Ihrem Geist und Ihren Emotionen bewirken, dass die Energie in Ihnen und um Sie herum stagniert.

Wir alle haben so manche karmische Schlacken, da wir alle irgendwann negative Energien erzeugt haben. Diese Energie hat sich in unserem physischen, mentalen und emotionalen Körper angesammelt und dann verhärtet. Infolge dieses Karmas fühlen wir uns nicht mehr so leicht, frei, glücklich, vor Leben sprühend und spirituell, wie wir das könnten. Wenn wir im Gebet darum bitten, dass die violette Flamme uns einhüllen möge, kann sie die Schlacken in und zwischen den Atomen unseres Seins verzehren. (Mehr über die violette Flamme und das Ausgleichen des Karmas siehe Seite 130-145.)

Wir können also jeden Tag das Karma betrachten, das zu uns zurückgekehrt ist, und entscheiden, wie wir darauf reagieren möchten. Bedenken Sie: *Entscheidend ist nicht, was uns im Leben widerfährt, sondern, wie wir darauf reagieren.*

Leben für Leben neue Chancen

Das Gesetz des Karmas setzt die Inkarnation voraus. Notwendige Voraussetzung für Karma ist also die Wiedergeburt, da wir nicht imstande sind, all die Früchte unseres Karmas in einem einzigen Leben zu ernten. Vielmehr müssen wir viele Leben lang wiederkehren, um die Wiederkehr all dessen bzw. die Kompensation für all das, was wir getan haben, zu erleben. Diese Leben erstrecken sich über die Jahrhunderte, da wir zugleich mit bestimmten Mitmenschen reinkarnieren müssen, mit denen wir Karma teilen.

Alles, was Sie jetzt sind, haben Sie jahrhundertelang aufgebaut. Ihre Talente, Errungenschaften, guten Taten und Ihre Liebe sind eine Akkumulation, ebenso wie Ihre negativen Manifestationen auch. Wir brauchen diese kumulativen Erfahrungen. Aus diesem Grunde hat Gott das System der Reinkarnation eingerichtet. Ein einziges Leben, ob wir es bis zum 9., 90. oder 900. Lebensjahr gelebt haben, reicht einfach nicht aus, damit die Seele bis in die Ebenen hineinreift, die sie erlangen muss, um ihre Perle zurückzuerobern und nach Hause zurückzukehren.

Bei vielen Kulturen und Traditionen gilt die Reinkarnation als gegebene Tatsache. Der früheste bekannte Text der Kabbala beispielsweise, Sefer ha-Bahir, der um 1180 veröffentlicht wurde, verwendet einen Dialog über die Reinkarnation, um zu erklären, dass auch guten Menschen aufgrund ihrer Taten in früheren Leben schreckliche Dinge passieren. Wenn wir also der Meinung sind, dass manche Menschen ungestraft davonkommen, während uns selbst nichts nachgesehen wird, müssen wir einfach erkennen, dass das Gesetz des Karmas automatisch und ohne jegliches Vorurteil im Leben jeder Seele funktioniert.

Wir ernten heute die Früchte dessen, was wir vielleicht vor fünf Minuten, gestern oder aber vor zehntausend Jahren gesät haben. Wir wissen nicht, wie lange es dauert, bis unsere Handlungen wieder zurückkehren und fordern, dass wir sie wieder ausgleichen. Doch Gott weiß es, und sein Gesetz ist untrüglich, unfehlbar und immer gerecht.

Ich glaube, ich werde in irgendeiner Form immer existieren, und bei allen Unannehmlichkeiten, welchen das menschliche Leben ausgesetzt ist, einer Neuausgabe meines eigenen Lebens nicht abgeneigt sein, jedoch in der Hoffnung, dass die ›Druckfehler‹ des letzten Lebens bitte korrigiert werden mögen.
Benjamin Franklin

Sie sind eine Seele und ein feuriger Geist, ein spirituelles Wesen, das Kleider aus Fleisch und Blut trägt wie einen Überwurf, den Sie in diesem Leben und auch viele Male zuvor umgelegt haben. Ihre Seele gab es schon vor diesem Körper, und sie wird auch noch nach dessen Tod existieren. Sie benutzen die physische Gestalt nur solange, bis sie nicht mehr funktioniert. So verhält es sich mit der Reinkarnation!

Folglich bedeutet die Schöpfung eines neuen Körpers nicht zugleich die Erschaffung einer neuen Seele. Gott steht nicht herum und wartet auf den Moment der Empfängnis, um auf die Schnelle – hoppladihopp!

- den “Kuchenteig” herauszuholen, eine neue Seele zu formen und diese in die Gebärmutter zu setzen, damit sie da ist, wenn das Kind geboren ist. Vielmehr ist unsere heutige Seele die gleiche, die sich von Gott trennte, sich sehr weit von ihm entfernte und nun versucht, den Weg zurück zu finden. Jedes Mal, wenn sich unsere Seele darauf vorbereitet, wieder zu inkarnieren, wird sie von dem Gefühl erfüllt, dass sie zurückkehrt, um “Laufmaschen” aufzufangen, ihre Arbeit zu vollenden und dann der Welt ein Stück von sich selbst zu geben - in Form eines Kunstwerks, eines Geschenks der Liebe und Zärtlichkeit, einer Freundlichkeit oder einer bedeutenden Errungenschaft.

Wir verstehen uns als der verlängerte Arm Gottes. Wir spüren, dass wir uns um die Aufgabe unserer göttlichen Mutter und unseres göttlichen Vaters kümmern und unseren göttlichen Plan erfüllen müssen. Dies ist der tiefere Sinn des Karmas und, neben dem Karma, auch das leidenschaftliche Schicksal unserer Seele.

Erinnerungen an frühere Leben

Manche Menschen erinnern sich an ein früheres Leben, andere nicht. Doch wer glaubt, sich nicht an ein früheres Leben zu erinnern, verspürt manchmal angesichts einer bestimmten Situation oder eines bestimmten Ortes bzw. gegenüber einer speziellen Person oder Menschengruppe ein starkes Gefühl der Vertrautheit. Mitunter empfinden Menschen eine unwillkürliche Abneigung gegenüber jemandem oder haben sogar das Gefühl, dass von einem Menschen Gefahr ausgeht. Oder sie haben möglicherweise das Gefühl, dass sie eine bestimmte Person schon lange kennen und es ihnen leichtfällt, diese näher kennen zu lernen, selbst wenn sie sich gerade erst begegnet sind.

Wir haben vorsichtige Hinweise auf andere Leben, doch Gott legt in seiner Gnade einen Schleier des Vergessens über uns, wenn wir in den Geburtskanal eintreten. Dies ist wahrlich eine Gnade, da wir für dieses Leben eine Bestimmung haben und unsere Tage nicht damit verbringen sollten, uns zu wünschen, der zu sein, der wir zu sein pflegten, oder uns die guten alten Zeiten zurückzuwünschen. Wir müssen total im Hier und Jetzt sein und erkennen, welche Gelegenheit es darstellt, inkarniert zu sein, um das Karma der Vergangenheit aufzuarbeiten.

An einem Frühlingstag, als ich vier Jahre alt war, spielte ich in meinem Sandkasten auf dem mit einem Lattenzaun umgebenen Spielplatz, den mein Vater mir gebaut hatte. Es war meine eigene kleine Welt in der größeren Welt unseres Hinterhofes in Red Bank, New Jersey. Ich war allein. Ich ließ den Sand durch meine Finger rieseln und beobachtete, wie Schäfchenwolken vorüberzogen. Dann, ganz langsam, begann sich die Szenerie allmählich zu verändern. Als hätte jemand am Knopf des Radios gedreht, befand ich mich auf einer anderen Frequenz - ich spielte im Sand am Ufer des Nils in Ägypten. Es war ebenso real wie mein Spielplatz in Red Bank - und auch ebenso vertraut. Ich verträumte Stunden, plantschte im Wasser und spürte den warmen Sand auf meinem Körper. Meine ägyptische Mutter war ganz in meiner Nähe. Irgendwie war auch dies meine Welt. Ich kannte den Fluss schon seit Urzeiten. - Wie konnte ich wissen, dass ich in Ägypten war und am Nil saß? Dies zu wissen gehörte zur Erfahrung mit dazu. Vielleicht stellte mein bewusster Verstand die Verbindung her, weil meine derzeitigen Eltern eine Weltkarte über meiner Spielzeugkiste aufgehängt hatten und ich bereits die Namen der meisten Länder kannte.

Nach einiger Zeit - ich weiß nicht, wie viel Zeit verstrichen war - war es, als würde der Knopf erneut gedreht, und ich war wieder zu Hause auf meinem kleinen Spielplatz. Mir war nicht schwindlig, ich war nicht betäubt. Ich war zurück in der Gegenwart und war mir sehr bewusst darüber, dass ich an einem anderen Ort gewesen war. Ich sprang also auf und sauste los, um meine Mutter zu suchen. Ich fand sie in der Küche am Herd. Ich sprudelte meine Geschichte hervor und fragte sie dann: "Was ist passiert?" Sie wies mich an, mich hinzusetzen, schaute mich an und sagte: "Du hast dich an eines deiner früheren Leben erinnert." Mit diesen Worten eröffnete sie mir eine andere Dimension.

Anstatt sich über mich lustig zu machen oder zu leugnen, was ich erlebt hatte, sprach sie zu mir in einer Sprache, die auch ein Kind verstehen konnte: "Unser Körper ist wie ein Mantel, den wir tragen. Er ist abgenutzt, bevor wir mit dem fertig sind, was wir tun müssen. Daher schenkt uns Gott eine neue Mami und einen neuen Papi, und wir werden noch einmal geboren, so dass wir die Arbeit zu Ende führen können, für die uns Gott losgeschickt hat, und endlich wieder in unser Zuhause des Lichts im Himmel zurückkehren können."

Ich verstand, dass wir, obgleich wir einen neuen Körper bekommen, immer noch die gleiche Seele haben. Und unsere Seele erinnert sich an die Vergangenheit, auch wenn dies unser bewusster Verstand vielleicht nicht tut. Wir erinnern uns für gewöhnlich nicht an unsere vergangenen Leben, da dies eine psychische Belastung für uns wäre. Gott lässt uns jedes Mal, wenn wir wieder geboren werden, mit einem frischen weißen Blatt beginnen. Wenn wir dann, in dem Augenblick, da unsere Seele voll ausgereift ist, bereit sind zu verstehen, wofür wir im Leben verantwortlich sind, beginnen wir zu erkennen, dass wir unsterblich sind.

Sind wir schließlich müde und haben es satt, immer wieder für eine weitere Runde zurückzukehren, und wünschen wir eine gehobenere Art zu leben, werden wir unsere Gangart auf dem Rückweg beschleunigen. Wir werden mit diesem Leben und all den Dingen, die es mit sich bringt, abschließen - und wir werden es uns zum Ziel setzen, aus dem Karussell der Wiedergeburt zum letzten Mal auszusteigen.

Der Aufstieg der Seele von der Erde

Wie bereits erwähnt, kehrt die Seele, wenn sie den Zweck ihrer Reise auf Erden erfüllt hat, mit dem Ritual des Aufstiegs oder “der Himmelfahrt” zu Gott zurück. Der Aufstieg der Seele ist der Höhepunkt der Inkarnationen in Bezug auf den Dienst der Seele am Leben.

Damit die Seele diese letztendliche Vereinigung mit Gott erreichen kann, muss sie bestimmte Anforderungen erfüllen. Vor allem muss sie mindestens 51 Prozent ihres Karmas ausgeglichen, ihre Mission erfüllt, die Liebe, Weisheit und Kraft ihrer dreifältigen Flamme ausgeglichen haben und mit ihrem Christusselbst eins geworden sein.

Wenn Ihre Seele wieder zurück zu Gott aufsteigt, sind Sie vom Rad des Karmas und der Wiedergeburt befreit. Sie sind dann ein “Aufgestiegener Meister”. Sie werden sich den vielen Adepten und Heiligen des Ostens und Westens anschließen, die aus jeder Kultur und jeder Religion hervorgegangen sind und sich mit ihrem Christusselbst und ihrer ICH BIN-Gegenwart vereint haben. Manche von ihnen sind bekannt - wie etwa Jesus, Gautama Buddha, Kuan Yin, Krishna, Pater Pio, die heilige Therese von Lisieux, Kuthumi. Die meisten jedoch sind unbekannt. Sie alle haben ihr Bewusstsein beschleunigt um eins mit Gott zu werden.

Der Pfad des Aufstiegs ist der Pfad der Liebe.
Serapis Bey

Daher ist der Aufstieg das Ziel des Lebens auf Erden. Er ist unser Daseinszweck. Wir inkarnieren immer wieder, bis wir schließlich erkennen, welches unser Ziel ist, und bis wir Schritt für Schritt die Initiation erarbeiten, um ins Herz Gottes zurückzukehren.

Wir steigen nicht auf einmal auf, sondern Stück für Stück ein wenig mehr, tagtäglich, während wir die Prüfungen des Lebens ablegen und unsere persönlichen Siege erringen. Unsere Gedanken, unsere Gefühle, unsere täglichen Handlungen - sie alle werden in die Waagschale gelegt.

Wenn Sie die heiligen Schriften dieser Welt durchkämmen, werden Sie Beispiele für den Aufstieg unserer Seele finden. Es mag als "Befreiung der Seele", als "parinirvana" oder als "mahasamadhi" bezeichnet werden - alle Bewusstseinszustände, die die Beschleunigung der Atome und Elektronen des betreffenden Wesens bezeichnen. Lesen wir also davon, dass sie "aufsteigen", wie es von Jesus und Elia beschrieben wird, so bedeutet das eine Schwingungserhöhung. Es handelt sich dabei nicht wortwörtlich um ein Auf oder Ab, sondern um ein stärkeres oder schwächeres Schwingungsmoment kosmischen Bewusstseins, das sich in einer Person manifestiert.

Gott transzendiert sich selbst Augenblick für Augenblick, Stunde um Stunde. Dieser sich selbst transzendierende Gott spiegelt sich im Kosmos, der sich beständig ausweitet, sowie auch im Menschen wider. Denn, ganz gleich, welches Niveau an persönlicher Entwicklung ein Individuum erlangt - es wird sich normalerweise ein weiteres Ziel setzen. Daher ist der Aufstieg unserer Seele nicht das Ende des Lebens oder das Ende des Strebens nach Zielen. Das kosmische Bewusstsein taucht immer wieder auf.

Seelenreflexionen

1. In welchen Bereichen Ihres Lebens haben Sie das Gefühl, Ihren freien Willen auszuüben?
   In welchen Bereichen haben Sie das Gefühl, durch Ihr Karma eingeschränkt zu sein?

Verändert sich Ihre Wahrnehmung Ihres Umfeldes, wenn Sie bedenken, dass Ihre frei getroffenen Entscheidungen Ihr Schicksal bestimmen? In welcher Hinsicht?

2. Welche Situationen oder Beziehungen in Ihrem Leben könnten Ihrer Meinung nach möglicherweise das Ergebnis guten Karmas sein – und weshalb? Wie können Sie am besten mit negativem Karma umgehen, das zu Ihnen zurückkehrt?

3. Welche Gaben oder Talente haben Sie, die eventuell aus einem früheren Leben stammen könnten? Hatten Sie schon einmal das Gefühl, bestimmte Dinge zu tun, die quasi »Laufmaschen« aus einem anderen Leben sein könnten? Wie haben diese Dinge Ihre Lebenserfahrung bereichert?

4. Welche Gedanken oder Gefühle haben Sie angesichts der Vorstellung, dass jede Seele dazu bestimmt ist, aufzusteigen?

TEIL 3

Der richtige Umgang mit dem Wandlungsprozess namens »Tod«

Der Wandlungsprozess namens "Tod"

Das Erste, was Sie über den Tod wissen sollten, ist, dass es den Tod in Wirklichkeit nicht gibt. Ja, es ist der Prozess, bei dem die Systeme des physischen Körpers abschalten - das Herz, das Gehirn und der ganze Rest. Doch es ist nicht Ihr Ende. Es ist nicht das Ende Ihrer Existenz, Ihres Bewusstseins oder der Kontinuität Ihrer Seele.

Das Leben ist echt!
Das Leben ist ernst!
Und das Grab ist
nicht sein Ziel.
Staub bist du, zu
Staub zerfällst du
wieder – das heißt
es von der Seele
nicht.
Henry Wadsworth
Longfellow

Wenn Ihre Seele ein Leben auf Erden vollendet hat, zieht Ihre ICH BIN-Gegenwart die Kristallschnur ein, und Ihre dreifältige Flamme kehrt auf die ätherische Ebene zurück, ins Herz Ihres heiligen Christusselbst. Ihre Seele, die in ihren ätherischen Körper gekleidet ist, wird auf die höchste Ebene des Bewusstseins gehoben, die sie im Verlauf ihrer Inkarnationen erlangt hat.

Obgleich der Tod nicht das Ende der Existenz ist, bedeutet er eine grundlegende Veränderung. Wenn Sie an die größte Veränderung denken, die sich bei Ihnen in diesem Leben ergeben hat, und diese mit einhundert multiplizieren, werden Sie das Ausmaß dieses Übergangs zu erahnen beginnen. Die größte Änderung ist, dass Sie keinen physischen Körper mehr haben werden. Ohne physischen Körper sind Ihre Möglichkeiten, auf der irdischen Ebene zu agieren, beendet. Sie haben nicht mehr die Möglichkeit, bei Ihrer Familie oder Ihren Mitmenschen etwas gutzumachen. Keine Möglichkeit mehr, Probleme oder Missverständnisse mit Ihrer Familie oder Ihren Mitmenschen aufzulösen. Keine Möglichkeit mehr zu sagen: "Es tut mir leid" oder "Ich liebe dich".

Daher braucht uns auch das Ende des Lebens im physischen Körper nicht zu kümmern. Stattdessen sollten wir uns lieber darum kümmern, ob wir all das erfüllt haben, was wir tun wollten - für unsere Kinder, unsere Familie, unsere Lieben, für unsere Gemeinde, die Menschheit und für Gott.

Nahtod-Erlebnisse

Nahtod-Erlebnisse beweisen, dass wir mehr sind als unser physischer Körper. Während viele Menschen dies gut verstehen, ist es überraschend, wie viele andere sich nahezu völlig mit ihrem physischen Körper identifizieren. Wenn jemand ein Nahtod-Erlebnis hat, bestärkt ihn das normalerweise darin, dass es ein Leben nach dem Tod gibt. Die breit gefächerte Veröffentlichung von Nahtod-Erlebnissen hat außerdem Millionen von Menschen, die selbst kein solches Erlebnis hatten, Trost und Beistand gespendet.

Vor vielen Jahren hatte eine Bekannte von mir ein Nahtod-Erlebnis, als sie einen Autounfall hatte. Als sie im Krankenhaus erwachte, konnte sie sich an das Ereignis nicht mehr erinnern. Das Einzige, woran sie sich erinnern konnte, war, dass sie durch ein Vakuum, ein dunkles Nichts geflogen war, wobei sich strahlende Lichter auf sie zubewegt hatten.

"Ich kam hinaus an diesen friedlichen Ort", sagte sie. "Ich erinnere mich, wie ich vor diesem schönen Wesen stand, das ich für Gott hielt. Es hatte die Gestalt eines liebevollen älteren Mannes. Ich hatte das Gefühl, dass die eigentliche Essenz dieser Erscheinung Licht war. Es war solch ein strahlendes, helles Licht! Und er sagte immer wieder folgende Worte: 'Bist du bereit zu sterben?' Als ich in jenem Krankenhaus erwachte, hörte ich einfach immer wieder diese Worte: 'Bist du bereit zu sterben?'

In Wirklichkeit sprach er sie gar nicht - es war alles Schwingung. Er zeigte mir, dass ich ein Teil von ihm und auch ein Teil jenes Lichts war. Ich war ein Teil von Gott, und Gott hatte mir das Licht geschenkt, um es so einzusetzen, wie ich es wünschte. Er zeigte mir damit, was ich mit dem Licht getan hatte. Und er fragte mich, ob ich das vollendet hätte, was ich in diesem Leben hatte vollenden wollen.

Ich verspürte so viel Dankbarkeit dafür, dass mir gezeigt wurde, dass das, was ich gerade tat, die Sache nicht wert war. Ich hatte das Gefühl, darum zu betteln, wieder zurückzukehren, um wirklich etwas aus meinem Leben zu machen."

Natürlich hat nicht jeder, der "stirbt" und wiederbelebt wird, ein Nahtod-Erlebnis. Doch wer eines hatte, bei dem gibt es sicherlich einen Grund. Eine bestimmte Person könnte für dieses Erlebnis ausgewählt worden sein, weil jemand dort oben, vielleicht ein Engel oder ein Aufgestiegener Meister, sie liebt und ihr sagen will, dass sie auf der falschen Spur ist. Wenn sie diesen Weg weitergeht, wird sie an einem bösen Ort enden. Manche Menschen haben das Erlebnis verdient, und vielleicht brauchen sie es auch für die Entwicklung ihrer Seele - um daran erinnert zu werden, dass sie aus einem bestimmten Grund auf die Erde gekommen sind.

Auch Sie haben einen Daseinszweck. Was auch immer Ihre spezifische Berufung oder Ihr Beruf im Leben sein mag, der ultimative Daseinszweck besteht darin zu lieben, das Leben zu befreien, Ihr Karma auszugleichen und die Vereinigung mit Gott zu erlangen. Es bleibt Ihnen selbst überlassen, mit der Gabe Ihres freien Willens zu entdecken, wie, wann, warum, wo und mit wem Sie dies tun werden.

Wir erschaffen uns unseren persönlichen Himmel oder unsere persönliche Hölle selbst

Wenn die Seele ihren Übergang in der Verwandlung namens Tod macht, geht sie auf diejenige innere Ebene, für die sie sich qualifiziert hat. Vielleicht wird sie Ebenen des Lichts zugewiesen, weil sie zu den Lichtmomenten auf Erden beigetragen hat. Oder sie wird niederen Ebenen zugewiesen, weil sie zu niederen Schwingungsmomenten beigetragen hat.

In manchen religiösen Überlieferungen heißt es, dass wir nach dem Tod so sind, wie wir in dem Moment sind, wenn wir sterben. In der Offenbarung 22, 11 heißt es: "Wer böse ist, der sei fernerhin böse, und wer unrein ist, der sei fernerhin unrein; aber wer fromm ist, der sei fernerhin fromm, und wer heilig ist, der sei fernerhin heilig."

Der Zohar, der Haupttext der jüdischen mystischen Tradition, besagt, dass die Reise der Seele nach ihrem Erdenleben von der Art von »devekut« bestimmt wird, die sie während ihres Lebens auf Erden verfolgt. »Devekut« ist die mystische Treue, mit der man an Gott hängt. Die Seele wählt ihr eigenes Schicksal, indem sie entweder heiligen Kräften oder unheiligen Kräften anhängt. »Der Pfad, den der Mensch in dieser Welt eingeschlagen hat, ist der Pfad, der den Pfad der Seele bestimmt, wenn sie geht.« Je mehr Sie also Gott geliebt haben und seinem Willen in diesem Leben treu geblieben sind, desto mehr Licht haben Sie angesammelt und desto mehr sind Sie mit den Oktaven des Lichtes in Resonanz.

Ich schickte meine Seele durch das Unsichtbare, um einen Brief aus jenem Leben nach dem Tod zu lesen. Und nach einer Weile kehrte meine Seele zu mir zurück und antwortete: ›Ich bin Himmel und Hölle zugleich.‹
Rubaiyat von Omar Khayyam

Wenn ein Mensch stirbt und seinen Aufstieg nicht verdient hat, muss er sich darauf gefasst machen, dass er in einer neuen Inkarnation wiederkehren muss. Manche Menschen werden zwischen den Inkarnationen zu den ätherischen Rückzugsorten gebracht, um zu lernen, wie sie ihre bestehenden Talente weiterentwickeln und für zukünftige Dienste neue Fertigkeiten erwerben können.

Die ätherische Oktave ist das Reich der Perfektion, das viele als "Himmel" bezeichnen. Die ätherische Oktave umfasst 33 Ebenen. Jede übertrifft die ihr vorangehende an Intensität bezüglich Licht und der Manifestation von Perfektion. Die erste Ebene entspricht einem Kindergarten, in den gute Seelen gehen, die nicht viel negatives Karma angehäuft haben, aber auch keine Erfahrung beim Verfolgen ihres spirituellen Pfades haben. Oft sind diese Seelen gute, fromme Menschen, die die engen Gleise ihrer eigenen orthodoxen Traditionen nie verlassen haben.

Doch nicht alle, die sterben, erreichen die ätherischen Rückzugsorte und Schulen der Himmelswelt. Viele kommen auf die astrale Ebene. Die astrale Ebene, die oft auch als "Fegefeuer", als "Tod" und als "Hölle" bezeichnet wird, umfasst ebenfalls 33 Ebenen. Sie nehmen nach unten hin in Bezug auf die Dunkelheit und die Art der Menschen, die sich dort befinden, qualitativ ab. Die ersten Ebenen der Astralebene ähneln bestimmten Bereichen auf Erden - Orten, die unharmonisch, dunkel, an den Materialismus, an Sinneslust oder diverse Süchte gefesselt sind. Ganz unten auf der Astralebene, auf der 33. Ebene, befindet sich das Reich, das als "Hölle" bezeichnet wird - ein extrem dunkler Ort, wo die boshaftesten

Seelen hausen. Doch selbst wenn wir nach dem Tod auf die Astralebene kommen, bedeutet das nicht, dass wir keinerlei Chancen mehr erhalten werden. Engel, die Botschafter Gottes, werden uns besuchen und uns auffordern, sie auf höhere Ebenen zu begleiten.

Ich habe für viele Seelen gebetet, nachdem sie gestorben sind. Oft darf ich sehen, was mit ihnen geschieht. Manche Menschen lehnen die Engel ab oder ignorieren sie. Sie fühlen sich weitaus glücklicher, wenn sie weiterhin das betreiben, was sie im Augenblick tun. Andere wachen auf, realisieren die Wahrheit und erkennen, dass sie den Engeln in höhere Reiche folgen müssen, wo sie sich auf ihre Wiedergeburt vorbereiten können. Die Seelen, die beschließen, auf der Astralebene zu bleiben, reinkarnieren normalerweise direkt von dieser Ebene aus. Sie kommen im Grunde so zurück, wie sie waren – mit den gleichen Gewohnheiten, den gleichen Wünschen, dem gleichen Impuls.

Daher ist es wichtig, für diejenigen zu beten, die sterben, so dass sie von Engeln freigeschnitten und an den höchsten Ort gebracht werden können, den sie einnehmen dürfen. Ist die Seele gerade nicht inkarniert, setzt sie ihre ganze Hoffnung auf Fortschritt auf die ätherischen Rückzugsorte.

Nachdem einige Seelen nicht so weit entwickelt sind, dass sie von selbst zu den Oktaven des Lichts gelangen können, warten sie, bis jemand, der inkarniert ist, die Engel anruft, um sie zu retten. Im Katholizismus ist dies die eigentliche Intention der Gebete für die Toten - für die zu beten, die gegangen sind, auf dass sie in höhere Reiche gebracht werden mögen. Im "tibetanischen Totenbuch" sind Gebete enthalten, die an mehreren aufeinander folgenden Tagen den Toten vorgelesen werden, um denjenigen, der seinen Körper verlassen hat, zu geleiten und ihm zu predigen, dass er nicht in dunkle Schwingungen verfallen möge.

Rückblick in das vergangene Leben

Schon bald nach der Veränderung, die als Tod bezeichnet wird, wird unsere Seele vor den "karmischen Rat" gebracht, eine Jury, die aus acht kosmischen Lichtwesen besteht, die uns dabei helfen, unser verstrichenes Leben rückblickend noch einmal zu betrachten. Unser heiliges Christusselbst steht uns als Advokat bei und hilft uns zu verstehen, wie wir das Leben gefördert haben, wie wir es verletzt haben, welche Verpflichtungen wir eingegangen sind, ob wir unsere Mission erfüllt haben und wohin wir von dort aus gehen werden.

In der Gegenwart des heiligen Christusselbst gibt es keine Verurteilung, keine Bestrafung. Denn wenn wir in den Christusgeist eintreten, sprechen wir höchstpersönlich die Bewertung unseres Lebens aus sowie das, was wir tun müssen, um das Unrecht, das wir begangen haben, wieder gutzumachen.

Es gibt einen Moment der Allwissenheit in der Gegenwart dieser wundersamen Wesen des Lichts, in dem wir klar erkennen können, was wir getan haben ob wir bestimmte Aufgaben nicht erledigt haben und ob wir wieder inkarnieren werden oder nicht. Der karmische Rat teilt uns mit, ob wir an einen ätherischen Lichttempel verwiesen werden - und wenn, wohin. Wenn wir reinkarnieren sollen, teilen sie uns Lehrer zu, die uns helfen, uns auf die nächste Inkarnation vorzubereiten. Dann, nach einem gewissen Aufenthalt in einem ätherischen Rückzugsort oder in einer Stadt des Lichts, werden sie unsere Seele wieder zurückschicken, um erneut zu inkarnieren. Normalerweise hat unsere Seele ein großes Verlangen danach zurückzukommen, da sie weiß, dass ihre Mission noch nicht beendet ist.

Vorausschau auf das bevorstehende Leben

So, wie wir am Ende jeder Inkarnation nochmals darauf zurückblicken dürfen, treten wir auch vor den karmischen Rat, kurz bevor wir geboren werden. Sie blicken mit uns in viele unserer vergangenen Leben zurück und zeigen uns, warum wir inkarnieren, mit welchen Eltern, aus welchem Grund wir was erfüllen müssen, und wir sehen die Menschen, mit denen wir unsere Zwistigkeiten lösen müssen, wenn wir auf unserem spirituellen Weg vorankommen wollen. Wir erfahren die Schwierigkeiten, die wir haben werden, die positiven Gelegenheiten sowie auch die negativen, die wir angehen müssen.

Diese Vorausschau in unser bevorstehendes Leben ist eine Vorbereitung auf das, was wir zukünftig vollbringen müssen. Es ist unauslöschlich in unsere Seele und unseren Körper der Erinnerung eingeprägt. Wenn wir daher Menschen begegnen und ihnen gegenüber ein Gefühl der Verpflichtung empfinden, gelingt es uns höchstwahrscheinlich leichter, die letzte Hürde zu nehmen, selbst wenn unsere Freunde Bemerkungen machen wie: "Warum gibst du dich denn mit dieser Person ab?" oder: "Warum lässt du dich auf Situationen wie diese ein, wo dich jeder nur ausnutzt?"

Unsere Seele weiß genau, wo ihre Defizite liegen. Sie geht sie an und tut, was sie tun muss, um von den betreffenden Fesseln erlöst zu werden. Dies bedeutet nicht, dass unsere Bande gesprengt werden müssen, nachdem wir unsere Verpflichtung dieser Person gegenüber eingelöst haben. Denn es entsteht eine neue Verbindung, eine Verbindung, die auf Freiheit basiert und bei der man nicht mehr den karmischen Umständen unterworfen ist.

Weil die Seele vorankommen möchte, wiederholt sie sich niemals wirklich, sondern versucht bei jeder Handlung, ein neues, faireres Ganzes zu erwirken.
Ralph Waldo Emerson

Vom Augenblick der Empfängnis an ist eine Seele, die neu ankommt, aktiv an der Ausgestaltung des Körpers, den sie bewohnen wird, beteiligt. Während der gesamten neun Monate der Schwangerschaft wird die Seele immer wieder zwischen ihrem Körper in der Gebärmutter und den höheren Ebenen der Existenz in der Himmelswelt hin- und herpendeln. Jedes Mal, wenn sie in den Körper eintritt, verankert sie dort mehr von ihrer Seelensubstanz. Mit fortschreitender Schwangerschaft geht der Geist bzw. die Essenz der Seele in das Blut und die Zellen, ins Gehirn, ins Herz und all die anderen Organe über. Im Augenblick der Geburt - der genaue Zeitpunkt wird übrigens von der Mission der Seele bestimmt - steigt die Seele den spirituellen Geburtskanal hinab. Dieser gleicht einem großen Trichter. Die dreifältige Flamme wird in der Geheimkammer des Herzens verankert. Die Seele wird in diesem Moment vollkommen in den Körper integriert, und der Schleier des Vergessens legt sich über den Körper der Erinnerung.

Seelenreflexionen

1. Wie stellen Sie sich das vor, nicht in einem physischen Körper zu sein? Welche Dinge möchten Sie mit Sicherheit erledigt haben, solange Sie noch die Gelegenheit dazu haben?
2. Haben Sie selbst oder jemand aus Ihrem Bekanntenkreis ein Nahtod-Erlebnis gehabt? Falls ja, welche Erkenntnisse hatten Sie dadurch?
3. Wie sehr hat Sie die Vorstellung beeindruckt, dass wir unseren eigenen Himmel bzw. unsere eigene

Hölle selbst erschaffen? Was tragen Sie dazu bei, dass Ihr persönlicher »Himmel« entsteht?

4. Hatten Sie trotz des Schleiers des Vergessens jemals das Gefühl, dass Ihre Seele einen bestimmten Plan verfolgt? Welche Impulse Ihrer Seele veranlassen Sie dazu, dies zu glauben? Oder welche Lebensumstände könnten für Sie ein Hinweis darauf sein?

TEIL 4

Schlüssel für Ihre Seelenreise

Ihre Seele und der spirituelle Pfad

Haben Sie jemals über die Tatsache nachgedacht, dass Sie möglicherweise in diesem und auch in vergangenen Leben die Entwicklung Ihrer Seele vernachlässigt haben könnten und stattdessen beschlossen haben, Ihr menschliches Ego zu stärken? Oder dass Sie Ihre Seele nicht genährt haben?

Was ist Ihre Seele?

Ihre Seele ist die Essenz des Lebens, die sowohl Ihre menschliche als auch Ihre göttliche Persönlichkeit spiegelt, die Persönlichkeit Gottes. Ihre derzeitige Seelenidentität - Ihre individuelle Seelenidentität - spiegelt wider, in welchem Maße Sie diese Persönlichkeiten integriert haben.

Gottes Absicht ist es, dass jede Seele zum großen Geist zurückkehrt und als individualisierter Teil der Gottesflamme für immer im göttlichen Bewusstsein lebt. Gott ist eins, doch er hat sich entschieden, aus seiner Einheit einzelne Lichttropfen zu machen, individuelle Söhne und Töchter - die alle Teil seiner Einheit und dennoch markant und einzigartig sind.

Wir sind alle äußerst individuell, was unsere Anschauungen, unsere Vorlieben und Abneigungen und insbesondere unsere Errungenschaften sowie das betrifft, was wir mit unserem Leben anfangen. Unsere Reise auf dem Weg ist ebenso individuell - jeder von uns geht den Weg allein.

Dabei müssen wir die einzigartige Sensibilität und das Wissen unserer Seele mit einbeziehen. Unsere Seele ist weise. Sie kennt die Vergangenheit und deren Bedeutung für die Gegenwart und die Zukunft. Sie ist höchst empfindsam und zugleich unschuldig und wehrlos.

Ich kann nichts finden, womit ich die große Schönheit einer Seele und deren große Kapazität vergleichen könnte.
Teresa von Avila

Unsere Seele ist verletzbar, lässt sich leicht beeindrucken, ist oft von ihrem Umfeld gefärbt und lässt sich leicht in die Irre führen. Sie leidet, wenn sie Gewalt irgendeiner Art unterworfen wird. Sie lässt sich von geistigen und emotionalen Giften sowie durch körperlichen oder verbalen Missbrauch verwunden. - Unsere Seele braucht dringend unseren Trost und Beistand, unsere besänftigenden Worte. Sie muss wissen, dass wir sie vor jeglichem Schaden schützen.

Wir können unsere Seele als Kind betrachten, das in uns lebt, als unser "inneres Kind". Und wir sind ihre Eltern und Lehrer, wie wir auch zugleich ihre Schüler sind. Es liegt in unserer Verantwortung, täglich unserer Seele einzuprägen, erstens, was richtig ist - d.h., was real und von dauerhaftem Wert ist und daher beibehalten werden muss -, und zweitens, was falsch ist - d.h., was nicht real und nicht von dauerhaftem Wert ist und daher ausrangiert werden muss.

Als Eltern können wir uns so liebevoll um unsere Seele kümmern, wie um unsere eigenen Kinder. Wir können unsere Seele aber auch vernachlässigen und Kreaturen unserer eigenen Selbstvernachlässigung werden - unserer Seelenvernachlässigung. Im Buch der Sprüche heißt es: "Erziehe ein Kind gemäß dem Weg, den es gehen soll. In späterem Alter wird es nicht davon abweichen." Diese Worte beziehen sich sowohl auf die eigene Seele als auch auf die eigenen Nachkommen. Wir müssen sie auf dem spirituellen Pfad lieben und schützen, unterweisen und schulen.

Ein spirituelles Leben führen

Was bedeutet es also, auf dem spirituellen Pfad zu sein, ein spirituelles Leben zu führen? Was ist Spiritualität? Die Wurzel stammt vom lateinischen "spiritus" und bedeutet "Atem", "Atem Gottes" oder "Inspiration". Spiritualität ist für die Seele, was der Atem des Lebens für das Neugeborene ist. Sie flößt Ihnen neues Leben und Kraft ein. Sie gibt Ihnen die Kraft, sich selbst und andere zu lieben und zu nähren.

Spiritualität bedeutet, imstande zu sein, mit Gott eine funktionierende Beziehung aufrechtzuerhalten. Es ist ganz gleich, wie Sie diesen Gott bezeichnen – als "Höheres Selbst", als "inneres Licht", als "Buddha", "Tao", "Brahman" oder als "Adonai". Jedem von uns ist es möglich, mit der universellen Kraft Gottes in Kontakt zu kommen und dies auch zu bleiben.

Man hat mich oft gefragt, wie man dies bewerkstelligt: "Wie kann ich inneren Frieden inmitten all des äußeren Tumultes finden? Wie kann ich mit all dem Stress umgehen, der während des Tages aufkommt, und dabei noch in spirituellem Einklang bleiben? Wie kann ich beispielsweise spirituell sein, wenn ich Überstunden machen muss und mein Kind krank ist und auf mich wartet? Oder wenn ich soeben erfahren habe, dass ich meinen Arbeitsplatz verloren habe?" Nun, zugegeben, es ist nicht einfach. Und ich kenne niemanden, der nicht auf die Probe gestellt wird. Das geht uns allen so. Doch es gibt spirituelle Lösungen für die Herausforderungen unserer heutigen Zeit.

Spiritualität ist ein Prozess der Selbstbeherrschung. Sie ist vergleichbar mit dem Besteigen eines Berges. Es führen viele Wege zum Gipfel des Seins. Jeder Pfad hinauf auf den Berg schenkt Ihnen einen anderen Blickwinkel - eine neue Möglichkeit zu verstehen, wer Gott ist und wer Sie sind. Wir erklimmen jenen besagten Berg tagtäglich, den ganzen Tag lang, nicht nur, wenn wir uns die Zeit nehmen, um zu meditieren, einen schönen Sonnenuntergang zu betrachten oder Gebete zu sprechen und Andachten zu halten. Wir können uns jeden Tag daran erinnern, unsere Seele zu unterweisen - das kleine Kind, das dazu bestimmt ist, das Christuskind zu werden. Wir können unsere Seele leiten, so, wie wir von unserem heiligen Christusselbst geleitet werden, und ihre himmlischen Muster wieder herstellen. Folgende Schlüssel können uns bei diesem Prozess helfen.

Schlüssel zu Ihrer Seelenreise

1. Vergeben Sie sich selbst
2. Vergeben Sie Ihren Mitmenschen
3. Schließen Sie Freundschaften im Himmel
4. Lernen Sie die Dinge »im Schlaf«
5. Seien Sie sich Ihres Nicht-Selbst bewusst
6. Arbeiten Sie an Ihrer eigenen Psychologie
7. Kommunizieren Sie mit Gott

1. Vergeben Sie sich selbst

Der Weg zu Harmonie mit allen Teilen der Psyche führt über Gnade und Vergebung – Gnade, indem Sie sich selbst vergeben, Gnade, indem Sie Ihren Mitmenschen vergeben.

Wir sind ja alle nur Menschen, und wir alle haben Dinge getan, auf die wir nicht stolz sind. Vergeben Sie sich also dafür, dass Sie Mensch sind und Fehler machen. Verzeihen Sie sich die Fehler und das Karma Ihrer früheren Leben, ganz gleich, ob Sie sich daran erinnern oder nicht.

Wir alle mussten durch unsere Lebenserfahrungen auf die Weise gehen, die uns zum jeweiligen Zeitpunkt bekannt war. Manchmal war es nicht die idealste Weise, doch das gehört mit zum Lernprozess - Erfahrungen zu machen, auszuprobieren und Fehlschläge zu erleiden, um dann schließlich als Sieger hervorzugehen.

Verurteilen Sie sich niemals selbst für Ihre Unzulänglichkeiten und Fehler. Beschließen Sie einfach, es das nächste Mal besser zu machen. Wenn Sie sich auch nur ein klein wenig selbst verurteilen, ist es, wie wenn man ein Loch in eine Wasserflasche bohrt. Das Wasser wird langsam, aber sicher auslaufen. Egal, wie viel Wasser Sie in die Flasche auch füllen mögen, sie wird nicht voll bleiben. Das Gleiche passiert auch mit Ihrer Aura, mit Ihrer Energie, wenn Sie zulassen, dass irgendetwas oder irgendwer, auch Sie selbst, Sie verurteilt, so dass Sie das Gefühl haben, dass Sie Gottes Liebe nicht verdient haben.

Ihre Seele ist es sehr wohl wert - sie ist Gottes Liebe und Vergebung immer wert. Daher können Sie Gott für all das Unrecht, das Sie jemals begangen haben, um Verzeihung bitten. Wird Ihnen dann vergeben, so ist es, als würde etwas von Ihnen genommen werden, ein gewisser Prozentsatz vom Gewicht Ihres Karmas, die Last der Handlung selbst. Daher ist Vergebung ein wichtiges Element beim Ausgleich des Karmas.

Selbstvergebung ist wie eine große Geburt ... Es ist der Seinszustand, der aus unserer Bereitwilligkeit entspringt, uns mit all dem, was wir sind, ohne Vorurteil zu akzeptieren, unsere scheinbaren Unzulänglichkeiten sowie unsere angeborene Herrlichkeit.
Robin Cassarjian

Sie müssen sich selbst vergeben, um Gottes Vergebung zu erhalten. Wenn Sie sich wirklich selbst verzeihen, installieren Sie einen Magneten der Vergebung in Ihrem Herzen, der Gottes Vergebung anzieht.

Gottes Vergebung zu akzeptieren ist der Grundstock für die Erlösung. Sind wir nicht bei Gott erlöst, so sind wir auch nicht bei Gott in uns oder in unserem Mitmenschen erlöst.

Schließen Sie also Frieden mit Gott und mit jedem Teil des Lebens, dem Sie jemals Unrecht getan haben, sowie mit jedem Teil des Lebens, der Ihnen jemals Unrecht getan hat. Vergeben Sie sich selbst,

Ja, ich möchte gerne weitere Informationen erhalten.

Bitte senden Sie mir Informationen

❍ per E-Mail *oder* ❍ per Post

❍ zum Verlagsprogramm

❍ zu den Novitäten

❍ zu Seminaren

Ihr Interesse wird belohnt!

Unter allen Einsendern verlosen wir monatlich 10 Exemplare unseres Buchtipps des Monats.

Einsendeschluss ist jeweils der 15. des laufenden Monats. Die Gewinner werden schriftlich benachrichtigt, der Rechtsweg ist ausgeschlossen.

Name, Vorname

Telefon | E-Mail

Straße, Hausnummer

Land, PLZ, Ort | Unterschrift

Ich erkläre mich einverstanden, dass der Verlag »Die Silberschnur« meine Daten zu Direktmarketingzwecken verwenden darf.

und setzen Sie den tagtäglichen Prozess fort, Ihr Christusbewusstsein anzulegen.

Seelenreflexionen
Vergebung finden

Halten Sie einen Augenblick inne, und erinnern Sie sich an etwas, das Sie sich nicht ganz selbst verziehen haben. Oft weigern wir uns, uns an schmerzliche Erlebnisse zu erinnern. Fällt Ihnen also nichts ein, so bitten Sie Ihr Höheres Selbst darum, Ihnen einen Vorfall zu zeigen. Es kann sein, dass Sie ein Versprechen nicht gehalten haben, dass Sie Worte gesagt haben, die Sie bereuen, oder dass Sie für einen Unfall verantwortlich sind – es kann alles sein, etwas Bedeutendes oder Unbedeutendes. Bitten Sie Gott und jeden, den Sie verletzt haben könnten, um Vergebung. Beschließen Sie, es besser zu machen, in dem Wissen, dass Sie auf dem Weg sind, zu Ihrem Höheren Selbst zu werden.

Versuchen Sie, die nachfolgende Meditation und Affirmation zu benutzen: Stellen Sie sich vor, wie Sie unter einem sanften, violettfarbenen Wasserfall stehen, der alle Gefühle von Schuld und Schande, Scham oder Verurteilung von Ihnen abwäscht. Lassen Sie das wohltuende

Wasser der Vergebung in Sie hineinfließen, durch Sie hindurchströmen und Sie einhüllen – und Ihrer Seele damit ein Gefühl des Friedens verleihen.

Wiederholen Sie sodann die folgende Affirmation, um den Akt der Gnade und Vergebung durch die violette Flamme auf Sie herabzuziehen. Wenn Sie »ICH BIN« sagen, bestätigen Sie, dass Gott in Ihnen ist. Stellen Sie sich vor, wie Ihr Herz zum Magneten für die Vergebung wird.

»ICH BIN ein Wesen des violetten Feuers!
ICH BIN die Reinheit, die Gott wünscht!«

»I AM a being of violet fire!
I AM the purity God desires!«

2. Vergeben Sie Ihren Mitmenschen

Vergeben Sie Ihren Freunden, Ihren Feinden und allen, die Ihnen jemals Unrecht zugefügt haben. Wenn Sie anderen Liebe und Vergebung schicken, bringt das die Erlösung mit sich. Sie tun damit zugleich auch etwas für sich selbst - Sie befreien sich von den Verstrickungen in diesem und in vorangegangenen Leben.

Betrachten Sie die Menschen, an die Sie heute gebunden sind. Betrachten Sie Ihre Situation an Ihrem Arbeitsplatz, in Ihrer Familie und alles, was Sie betrifft. Die meisten von uns haben schwierige Menschen in Ihrem Lebensumfeld. Manchmal scheint es, als könnten wir mit ihnen die Dinge nicht lösen und uns aus den Verstrickungen mit Ihnen nicht befreien. Oft ist dies so, weil wir alte Verletzungen und altes Unrecht nicht vergeben haben, die manchmal auch aus früheren Inkarnationen herrühren, so dass sie weiter bestehen bleiben. Und nicht zu vergeben, was gleichzusetzen ist mit einem verhärteten Herzen, kettet uns so eng an Menschen, dass wir niemals aus den Streitereien und den

Problemen herauszukommen scheinen. - Vergeben und vergessen Sie daher, und gehen Sie weiter Ihren Weg. Segnen Sie das Leben, und Sie sind frei. Die größte Befreiung, die ich in diesem Leben erfahren habe, ist die Fähigkeit, allen Menschen zutiefst, innig und mit meinem ganzen Wesen zu vergeben. Es ist sogar möglich, denjenigen zu vergeben, die abscheuliche Verbrechen begangen haben.

In der Gegenwart Gottes steht nichts zwischen Ihm und uns – er hat uns vergeben. Wir können seine Gegenwart jedoch nicht spüren, wenn wir irgendetwas zwischen uns und unseren Mitmenschen stehen lassen.
Dag Hammarskjöld

Eines Morgens, vor einigen Jahren, war ich gerade aufgewacht, als ich hörte, wie mein heiliges Christusselbst der Person vergab, die ich für meinen größten Feind hielt. Mein Christusselbst statuierte für mich ein Exempel. Es zeigte mir: "So liebt man seine Feinde." Natürlich ist das leichter gesagt als getan, wie wir alle wissen. Es fällt nicht leicht, den Menschen zu verzeihen, die Verbrechen an unserer Seele, unserem Geist und unserem Körper begangen haben. Welche ist also die adäquate Reaktion auf den Übeltäter?

Ich betete diesbezüglich zu Gott und erhielt eine stärkende und befreiende Lehre. Die Erlösung ist ein Prozess in zwei Stufen. Zunächst rufen wir die göttliche Gnade an und vergeben der Seele desjenigen, der das Verbrechen begangen hat. Außerdem bitten wir auch Gott, er möge jener Seele verzeihen.

Zweitens rufen wir die göttliche Gerechtigkeit an, sie möge das Nicht-Selbst des Übeltäters binden. Wir bitten Gott auch darum, der Seele die Gelegenheit zu gewähren, ihre Taten zu bereuen und sich selbst zu stärken, so dass sie dem Drang widerstehen kann, Unrecht zu tun, wenn dieser wieder bei ihr anklopft. Indem wir uns in diesen Prozess vertiefen, kann er es uns erleichtern, sogar den Menschen zu vergeben, bei welchen uns dies am schwersten fällt.

Jede Nacht, wenn wir unseren Körper zum Schlafen niederlegen, bedeutet dies das Ende eines Zyklus, und wir haben wieder die Chance zu verzeihen. Es ist für uns der Zeitpunkt, um alle Unstimmigkeiten und alle Probleme abzulegen und jedem Teil des Lebens zu vergeben. Wir möchten die Seite dieses Tages umblättern und wünschen, er möge beendet und abgeschlossen sein.

Daher üben wir jeden Tag und jede Nacht Vergebung. Dabei gehen wir mit festen Schritten auf unser Ziel zu. Denn ganz langsam, während wir uns durch unsere Emotionen - einschließlich unserer Wut - durcharbeiten, uns selbst vergeben, anderen vergeben und zu einer Lösung kommen, werden tagtäglich Teile von uns Teil unseres Höheren Selbst, unseres wahren Selbst.

Seelenreflexionen

Die Vergebung auf andere ausweiten

Denken Sie an einen Moment, als jemand Ihnen ein Unrecht angetan oder Sie verletzt hat. Handelt es sich um eine schmerzhafte Situation, so denken Sie daran, dass Sie der Seele dieser Person verzeihen können. Bitten Sie Gott, mit dieser Seele zu arbeiten – und bitten Sie Ihr Höheres Selbst darum, Ihnen zu zeigen, wie Sie dieser vergeben können – und auch, ob Sie aktiv handeln müssen.

Versuchen Sie, die folgende Meditation und Affirmation zu benutzen. Stellen Sie sich eine Kugel aus violettem Licht vor, die all diejenigen umgibt, welchen Sie vergeben möchten. Dieses Licht löst alles Negative auf und erfüllt die Seelen mit dem Licht der Vergebung.

Wiederholen Sie sodann die folgende Affirmation für jede der betreffenden Personen, und fügen Sie dabei deren Namen in die Leerstellen ein:

»__________ ist ein Wesen des violetten Feuers!
__________ ist die Reinheit, die Gott wünscht!«

3. Schließen Sie Freundschaften im Himmel

Gott hat die Engel aus seiner eigenen flammenden Gegenwart vor uns erschaffen, so dass wir Betreuer haben. Engel sind fürsorgliche Diener, die sich um unseren Geist, unseren Verstand, unsere Seele und unseren Körper kümmern. Sie helfen uns auf zahllose Weise. Sie schützen, leiten, stärken, heilen, trösten, lehren, beraten und warnen uns.

Ich selbst nehme die Engel (engl. "angels") als "Winkel" (engl. "angles") von Gottes Bewusstsein wahr. Sie kommen aus allen Ecken und Enden des Universums herein, um uns ihr Licht zu bringen. Sie arbeiten insbesondere mit unserem Emotionalkörper und verstärken die Gefühle von Liebe, Hoffnung, Mut, Ehre, Gnade und Glauben sowie jeden Aspekt des Geistes Gottes.

Sie können es sich zum Ziel machen, mit den Engeln und Erzengeln vertraut zu werden - und Sie können eine solch wahrhaftige und dauerhafte Freundschaft eingehen, dass Sie sich absolut wohlfühlen, wenn Sie mit den Engeln jederzeit und überall wandeln und sich unterhalten. Sie können es sich zur Gewohnheit machen, ihnen Aufgaben zuzuweisen und sie bei den schwierigsten persönlichen und privaten Angelegenheiten sowie auch bei Angelegenheiten von globalem Interesse um Hilfe zu bitten.

Machen Sie sich mit den Engeln vertraut, und holen Sie diese oft vor Ihr geistiges Auge. Denn ohne dass Sie sie sehen, sind diese bei Ihnen.
Heiliger Franziskus von Sales

So, wie wir uns mit Engeln anfreunden können, können wir auch Freundschaften mit den Aufgestiegenen Meistern schließen - sie können uns auf dem spirituellen Pfad eine große Hilfe sein. Manchmal, wenn wir eine neue Fertigkeit meistern möchten, finden wir jemanden, der in diesem Bereich perfekt ist, und wir werden sein Schüler. Wir gehen bei einem persönlichen Lehrer in die Lehre, bei jemandem, der diesen Weg schon vor uns beschritten hat und uns lehren kann, wie wir die Hindernisse vermeiden und das Ziel erreichen können. Eben diese Haltung können wir auch bei unserer spirituellen Reise einnehmen, die ihre eigenen Härten und Herausforderungen sowie ihre erprobten Techniken hat, damit alles glatter vonstattengeht.

Unsere Seelen möchten von denjenigen lernen, die bereits zu Hause angekommen sind. Die Aufgestiegenen Meister haben die gleichen spirituellen Ziele erreicht, die wir auch anstreben, und sie können uns die Wegstrecke um einiges leichter machen. Sie können als unsere Tutoren fungieren und uns auf inneren Ebenen lenken. Sie können uns auch bei spirituellen und praktischen Angelegenheiten außerordentlich hilfreich beistehen, etwa durch individuelle Förderung in dem von uns erstrebten Betätigungsfeld.

Die Meister sind spirituelle Coaches, die uns dabei helfen können, unsere Schwächen zu überwinden und unsere Stärken zu entwickeln und zu fördern. Sie inspirieren und leiten uns, damit wir genau zu dem werden, was wir werden sollen. Jeder Meister ist ein Lehrer im wahrsten Sinne des Wortes - einer, der nicht nur möchte, dass wir ebenfalls erreichen, was er selbst erreicht hat, sondern dass wir noch darüber hinausgehen. Als wahre Lehrer und Meister unserer Seele inspirieren die Meister uns, auf dem Heimweg durchzuhalten.

Haben Sie also noch keine Freundschaften im Himmel geschlossen, so können Sie heute damit beginnen, die Engel und die Aufgestiegenen Meister in Ihr Leben einzuladen, damit diese Ihnen helfen, Ihre spirituellen und materiellen Ziele zu erreichen.

Seelenreflexionen

1. Anrufung der Engel

Die Engel warten darauf, dass Sie ihnen Aufgaben erteilen. Nichts ist ihnen zu groß oder zu klein. Sie können in diesem Moment beginnen, indem Sie an eine Herausforderung oder ein Problem bei sich zu Hause oder am Arbeitsplatz denken. Je spezifischer Sie mit dem sein können, was Sie brauchen, desto besser. Rufen Sie die Engel mit einem kurzen, einfachen Gebet wie diesem auf einzugreifen:

»Geliebte Engel, helft mir dabei, entsprechend meinem göttlichen Plan ______________________ (hier Einzelheiten einfügen).«

Sie werden unverzüglich an Ihrer Seite stehen, wenn Sie die Anrufung mit Inbrunst und von Herzen sprechen. Sprechen Sie Ihr Gebet täglich, bis Sie Ergebnisse sehen. Sie sollten auch wissen, dass die Engel Ihnen die bestmögliche Antwort geben, die sie Ihnen aufgrund der Bedürfnisse Ihrer Seele geben können.

Name des Erzengels	Fachgebiet
Michael	Schutz, Macht, Glaube, guter Wille
Jophiel	Weisheit, Verständnis, Erleuchtung
Chamuel	Liebe, Mitgefühl, Güte, Wohltätigkeit
Gabriel	Reinheit, Disziplin, Freude
Raphael	Wahrheit, Wissenschaft, Heilung, Fülle, Vision, Musik

Name des Erzengels	Fachgebiet
Uriel	Dienst an Gott und den Menschen, Frieden, Brüderlichkeit
Zadkiel	Gnade, Vergebung, Gerechtigkeit, Freiheit, Verwandlung

2. Bei einem Meister in die Lehre gehen

Welchem spirituellen Meister fühlen Sie sich verbunden? Gautama Buddha, Krishna oder Kuan Yin? Jesus, Pater Pio oder Mutter Maria? Versuchen Sie, es diesem Meister in seinen Tugenden nachzutun. Beten Sie zu diesem Meister. Fragen Sie sich in allen möglichen Situationen: »Was würde er tun? Welche Entscheidung würde sie treffen?« Sie können sich den ganzen Tag über mit Ihrem Meister unterhalten. Hören Sie nicht auf, bei Ihrem Meister an die Tür zu klopfen und um Unterweisung in dem zu bitten, was Sie wissen müssen, um die Meisterschaft über sich selbst voranzutreiben.

Eine gute Einstiegslektüre, um mehr über die Aufgestiegenen Meister zu erfahren, die sich freiwillig anbieten, unsere Seelen zu unterweisen und zu coachen, ist das Buch »Lords of the Seven Rays« (»Die Herren der sieben Strahlen«) .

4. Lernen Sie "im Schlaf"

Während Ihr Körper nachts schläft, hat Ihre Seele die Möglichkeit, im ätherischen Körper zu den Rückzugsorten der Aufgestiegenen Meister in der Himmelswelt zu reisen. Diese herrlichen Rückzugsorte werden auch als "Universitäten des Geistes" bezeichnet. Während dieser Besuche kann Ihre Seele in direkten Kontakt mit den Aufgestiegenen Meistern und den Engeln treten. Sie fungieren auf ihren Spezialgebieten als Ihre Tutoren und helfen Ihnen dabei, sich auf die Herausforderungen des nächsten Tages vorzubereiten.

Sie reisen nicht automatisch zu diesen Rückzugsorten, wenn Sie in den Schlaf gleiten. Es gibt jedoch Dinge, die Sie unternehmen können, damit Sie leichter dorthin gelangen. Erstens: Gestalten Sie Ihr Schlafzimmer als ein Heiligtum des Friedens, als einen Ort, der frei von Unrat und mit positiver Energie erfüllt ist. Zweitens: Gehen Sie abends nicht zu Bett, bevor Sie mit Ihren Mitmenschen Frieden geschlossen haben. Knien Sie aber vor allem nieder, und bitten Sie um Vergebung für all das Unrecht, das Sie an diesem Tag irgendjemandem angetan haben mögen. Drittens: Richten Sie ein Gebet an die Engel, und bitten Sie diese darum, dass sie Sie beschützen und Ihre Seele zu den Rückzugsorten bringen mögen.

Niemand weiß, warum die Seele so glücklich erwacht. Vielleicht hat eine Morgenbrise den Schleier vom Antlitz Gottes geblasen.
Rumi

Normalerweise erinnern Sie sich nicht bewusst an diese Erlebnisse an den Rückzugsorten, doch sie sind Wirklichkeit. Manche Menschen erhaschen auf inneren Ebenen durch ihre Seelenerinnerung oder durch ihre Träume einen Blick auf sie, wenn sich die Tür zu den Lichtreichen einen kleinen Spalt öffnet.

Der Rückzugsort »Royal Teton«

Der Rückzugsort »Royal Teton«, der mit dem Berg »Grand Teton« bei Jackson Hole in Wyoming identisch ist, ist ein physisch-ätherischer Rückzugsort und von alters her ein Brennpunkt des großen Lichts. Er ist der Hauptrückzugsort der Aufgestiegenen Meister auf dem nordamerikanischen Kontinent. Tausende von Seelen aller Kontinente reisen dorthin in ihren feinstofflichen Körpern, während sie schlafen, um großen Zusammenkünften wie auch kleinen Kursen und Tutorenstunden beizuwohnen. Viele Aufgestiegene Meister besuchen diesen Versammlungsort häufig, derweil sie aber auch Fachkurse in ihren eigenen Rückzugsorten geben.

Seelen, die zu den ätherischen Rückzugsorten reisen, können Kurse zu Themen vieler Wissensgebiete besuchen – spiritueller Unterricht, einschließlich der tiefen Wahrheiten aller Religionen.

Es gibt Kurse über die Wissenschaft des Heilens, über Mathematik, Musik, die Gesetze der Alchemie und der Materialisation sowie Kurse zur Kenntnis der Reichweite des Willens Gottes in die Politik, die Religion, ins Geschäfts- sowie Finanz- und Bildungswesen hinein. Verschiedene Kurse bieten Unterweisung an zu bestimmten Themen, wie etwa zum Erringen der Meisterschaft über die Emotionen sowie das Besänftigen ungezügelten Verlangens, zur Anrufung von Licht, um mit dem Karma richtig umzugehen, sowie zur greifbaren Verankerung ätherischer Muster, um die Lebensmuster des Alltags in Bezug auf das Vertrauen in Gott, die heilige Familie und die göttliche Regierung zu stärken.

Der Rückzugsort »Royal Teton« beherbergt Ratssäle, in welchen beständig Projekte geplant und entwickelt werden, die von inkarnierten Seelen ausgeführt werden sollen. Viele neue Erfindungen, wissenschaftliche Formeln, Techniken im Bereich der Kunst und in jedem anderen menschlichen Betätigungsfeld – die von den Aufgestiegenen Meistern bereits entwickelt wurden – werden ebenfalls von diesem Rückzugsort aus freigegeben, wenn die Menschheit bewiesen hat, dass sie die Voraussetzungen dafür hat, diese auf ehrenhafte und moralische Weise gemäß der goldenen Regel anzuwenden.

Wenn Sie morgens aufwachen, erinnern Sie sich möglicherweise an die Lektionen, die Sie gelernt haben. Oder Sie erwachen vielleicht mit einer klaren Anweisung. Eventuell spüren Sie, dass die Belastungen, über die Sie am Abend vorher Gebete gesprochen hatten, aufgelöst sind, oder Sie stehen auf und wissen genau, welche Schritte Sie unternehmen müssen, um diese zu lösen.

Selbst wenn Sie sich nicht mehr an Ihre Erlebnisse im Rückzugsort erinnern, weiß Ihre Seele darum und wird entsprechend handeln. Daher sollten Sie immer mit einem Ohr auf die intuitive Seite Ihrer Seele hören - diese weiß eine ganze Menge mehr über Sie, als Sie selbst auf der bewussten Ebene wissen.

Seelenreflexionen

1. Der Besuch spiritueller Rückzugsorte in der Nacht

Bevor Sie abends zu Bett gehen, können Sie die Engel darum bitten, Sie zu den spirituellen Rückzugsorten zu bringen. Dies kann durch ein ganz einfaches Gebet wie folgt geschehen:

»Geliebte Engel des Lichts, im Namen meines persönlichen wahren Selbst bitte ich euch, mich in meinem Seelenbewusstsein zu den Universitäten des Geistes zu bringen, damit ich dort darin unterwiesen werde, ______________________________ (Lücke ausfüllen). Ich danke euch und nehme dies als mit voller Kraft in dieser Stunde erfüllt an.«

Einige Ideen zum Ausfüllen der Lücke könnten sein: den nächsten Schritt in Richtung der Erfüllung meiner Mission zu tun; wie ich ein Problem mit meinem Ehepartner (oder einem Partner, Elternteil, Kind, Mitarbeiter, Freund) lösen kann; wie ich die Quelle meiner Kreativität anzapfen kann.

2. Legen Sie sich ein Tagebuch an Ihre Bettseite

Legen Sie sich ein Tagebuch mit einem Füller oder Bleistift griffbereit neben das Bett. Schreiben Sie, sobald Sie nachts oder morgens aufwachen, sofort nieder, woran Sie sich erinnern. Es kann sich um Ratschläge für Ihre Gesundheit handeln oder darum, wie Sie Ihren Chef um eine Gehaltserhöhung bitten können, um den Schlüssel zu einer großen Erfindung oder auch um die Antwort auf etwas, worüber Sie sich Gedanken gemacht hatten.

Notieren Sie sich Ihre Träume. Manche Träume sind kodiertes Material, das Ihnen symbolisch von Ihrem Höheren Selbst überreicht wurde. Bitten Sie Ihr Höheres Selbst, diese Träume zu entschlüsseln und Ihnen zu zeigen, wie Sie die darin enthaltenen Lektionen auf Ihre gegenwärtigen Lebensumstände anwenden können.

5. Achten Sie auf Ihr "Nicht-Selbst"

Auf dem Weg zur Meisterschaft über uns selbst brauchen wir den Mut herauszufinden, wie viel unserer Identität in unsere wahre, göttliche Natur einfließt und wie viel in unsere niedere Natur - unser "Nicht-Selbst". Kabbalisten bezeichneten diese dunklere Seite unserer Natur als "Trieb des Bösen". Der heilige Paulus nannte es "das Fleisch". In der esoterischen Überlieferung ist es als "Hüter der Schwelle" bekannt.

Der Hüter der Schwelle sitzt auf der Schwelle zur Selbsterkenntnis, wo die Elemente des Unterbewusstseins die Grenze zum Bewusstsein überschreiten und das unbekannte Nicht-Selbst erkennbar wird. Ist er einmal an die Oberfläche gestiegen, so ist der Hüter in das Reich des bewussten Willens eingedrungen. Durch das Entscheidungsvermögen des Verstandes und des Herzens kann die Seele wählen, zum Bestandteil dieses Gegenstücks ihres wahren Selbst zu werden oder es zu überwinden.

Das Nicht-Selbst ist wie das legendäre Monster von Loch Ness in Schottland - gerade noch haben

Sie es gesehen, und schon ist es verschwunden. Das Monster taucht immer wieder kurz auf, und jeder sagt: "Ich habe Nessie, das Monster, gesehen."

Loch Ness ist ein tiefes Gewässer, das man mit unserem Emotionalkörper vergleichen könnte, wie jedes andere Gewässer auch. Die Wasseroberfläche symbolisiert die Grenze zwischen unserer bewussten Wahrnehmung und allem, was sich unter der Oberfläche des Bewusstseins befindet. Wir mögen ein Rumoren und Lärmen wahrnehmen, die uns sagen, dass es das Nicht-Selbst gibt. Bis es jedoch letztendlich auftaucht und sich zeigt, wissen wir nicht unbedingt, was es ist. Irgendwie fehlt es an Erkennungsmerkmalen.

Es ist ebenso schwer, sein eigenes Selbst zu sehen, wie nach hinten zu schauen, ohne sich umzudrehen.
Henry David Thoreau

Doch zeitweise reckt unser persönliches Nessie seinen kleinen Kopf nach oben, und dann bekommen wir ein Gefühl für seine Identität, erhaschen einen Blick auf das, was unter der Oberfläche abläuft. Gelegentlich ertappen wir uns in einer Schwingung oder Stimmung, die wir kaum als die unsrige anerkennen können. Vielleicht werden wir plötzlich wütend, wir bemerken möglicherweise, dass wir fürchterlich eifersüchtig geworden sind, unter Umständen verspüren wir eine abgrundtiefe Abneigung oder gar Hass auf jemanden. Es kann unversehens in einem Moment der Geselligkeit auftreten. Und dann, mit einem Mal - ist es wieder weg und die Dinge sind wieder wie gehabt. - Sie müssen auf das Nicht-Selbst achten, denn es steht zwischen Ihnen und Ihrer ICH BIN-Gegenwart. Es positioniert sich so, dass es Ihre Seele beständig überlistet, während diese ihre Lektionen lernen und zu Gott zurückreisen will. Manchmal befindet sich das Nicht-Selbst genau dort, bereit, durch das Tor des Bewusstseins zu treten.

Jedes Mal, wenn Sie einen Blick auf jenes Nicht-Selbst erhaschen, das kurz verstohlen aufblickt, müssen Sie es erkennen, packen und genau mustern. Sie verleugnen es weder noch unterdrücken Sie es. Haben Sie es identifiziert, so machen Sie bewusst den Versuch, diesen Bewusstseinszustand umzukehren. Sie können dies, indem Sie an Ihrer eigenen Psychologie arbeiten, Ihre Gewohnheits- und Verhaltensmuster verändern und inbrünstig beten. Zugleich können Ihr Christusselbst, die heiligen Engel und die Aufgestiegenen Meister Wache stehen, um zu verhindern, dass das Nicht-Selbst in Ihrer Welt agiert.

Seelenreflexionen

1. Das Nicht-Selbst zu fassen bekommen

Halten Sie täglich Ausschau – was haben Sie von Nessie in Ihrer persönlichen Welt wahrgenommen? Wenn Sie sich dabei ertappen, dass Sie vergessen haben, wachsam zu sein, können Sie manchmal Tendenzen erkennen, von welchen Sie nicht wünschen, dass sie Teil Ihres Selbst sind – Kritik, Streit, Stolz, Gier. Vergessen Sie nicht, nach innen zu schauen. Betrachten Sie, was Sie getan oder unterlassen haben, und suchen Sie die Gründe dafür. Seien Sie so mutig, und bezwingen Sie den Drachen in der persönlichen Geschichte Ihrer Seele.

2. Spirituelle Arbeit verrichten

Sie können inbrünstig um spirituelle Hilfe beten, um das Nicht-Selbst zu besiegen. Schicken Sie, sobald Sie Nessie sichten, einen eindringlichen Hilferuf an die Engel und an Ihr Höheres Selbst: »Geliebte Engel und geliebtes Höheres Selbst, helft mir! Helft mir! Helft mir! Steht Wache und zeigt mir, wenn mein Nicht-Selbst agiert!«

6. Arbeiten Sie an Ihrer Psychologie

Wenn wir unseren göttlichen Plan erfüllen und unseren Aufstieg vollziehen möchten, so steht die Arbeit an unserer Psychologie ganz oben auf der Tagesordnung. In der Tat erreichen wir einen Punkt, an dem wir spirituell nicht mehr weiterkommen, wenn wir uns nicht mit unserer Psychologie befassen. Die gleichen Muster kehren immer wieder, und wir müssen sie meistern, um weiterzukommen. Das Eintauchen in unsere Psychologie hilft uns, die Blockaden unseres Fortschritts zu verstehen. Der spirituelle Pfad schenkt uns auch die Stärke und Verbindung zu Gott, um unser psychisches Selbst zu bezwingen und zu transzendieren.

Neben der Psychologie, die wir in diesem und in vergangenen Leben entwickelt haben, müssen wir auch mit der Anhäufung von Karma zurechtkommen, das uns zugeteilt ist. Unsere Psychologie und unser Karma sind eng miteinander verflochten. Das Karma wirft uns in Umstände, die uns dazu bringen, eine bestimmte Psychologie zu entwickeln. Umgekehrt wird unsere Psychologie zum Bestandteil unseres Karmas, das wir durcharbeiten müssen.

Es ist wichtig, dass wir erwachsen handeln und Verantwortung übernehmen, so dass wir sagen können: "Ich darf niemanden, wirklich niemanden, für mein Karma und meine Psychologie verantwortlich machen, außer mich selbst. All die, die ich kenne, sind für ihre eigenen Handlungen verantwortlich. Ich jedoch bin dafür verantwortlich, wie ich auf sie reagiere. Ich bin für das verantwortlich, was ich heute tun werde."

Der Mensch wird alles tun, wie absurd es auch sein mag, um zu vermeiden, seiner eigenen Seele ins Gesicht zu blicken.
Carl Jung

Doch ein Teil von uns möchte nichts mit der Bewältigung bzw. Bearbeitung unserer Psychologie und des Nicht-Selbsts zu tun haben. Warum? Weil es oft harte Arbeit ist, obgleich es auch äußerst lohnenswert sein kann. Möglicherweise gehen wir durch Aufzeichnungen der Vergangenheit und viel Schmerz, bevor wir Erlösung und Ganzheit erlangen. Wenn wir uns in diesen Prozess begeben, können wir Gefechte gewinnen, indem wir mit einem ausgebildeten Therapeuten arbeiten, der um den spirituellen Pfad weiß. Denn wenn wir neue Muster erzeugen möchten, ist oft das Coaching durch einen Experten, kombiniert mit tiefgründiger innerer Arbeit, erforderlich. Ich habe beobachtet, dass die Seele einen Profi respektiert, der dafür qualifiziert ist, diese Führung zu leisten.

Das Erstreben einer Auflösung ist Teil der spirituellen Arbeit, die zur Vereinigung unserer Seele mit Gott führt. Wir arbeiten an unserer Psychologie, da wir nicht nur in Bezug auf andere, sondern auch in Bezug auf unsere eigene Seele eine Auflösung brauchen - und unsere Seele braucht die Auflösung gegenüber unserem heiligen Christusselbst.

Möglicherweise verhalten wir uns dysfunktional in einem Teilbereich unseres Lebens, in anderen Teilbereichen hingegen sind wir ausgewogen. In unserer Seele stecken Stärken und auch Schwächen. Doch die gesamte Seele muss ganz werden. Denn erst wenn sie ganz ist, kann sie sich beständig mit ihrem Höheren Selbst vereinen.

Seelenreflexionen

1. Die Teilbereiche finden, in welchen wir fehlschlagen.

Nehmen Sie sich Zeit, und blicken Sie auf Ihr jetziges Leben zurück. Spüren Sie, wo Ihre Seele möglicherweise um Hilfe ruft.

Haben Sie eine schwierige Beziehung? Oder finden Sie sich im Berufsleben, in Finanzangelegenheiten oder in einem anderen Bereich Ihres Lebens wiederholt unter unerwünschten Umständen wieder? Tragen Sie einige Notizen in Ihr Tagebuch ein, über die Sie nachdenken möchten.

2. Einen Plan erstellen

Bieten Sie Ihrer Seele die Hilfe an, die sie braucht, indem Sie einen guten Selbsthilferatgeber zum Thema Psychologie lesen, mit einem Experten arbeiten oder einen anderen positiven Schritt nach vorn tun. Denken Sie immer an die Engel und die Aufgestiegenen Meister, Ihre spirituellen Coaches. Wenn Sie sich nicht entscheiden können, was Sie tun sollen, fragen Sie diese!

3. Spirituelle Arbeit leisten

Oft ist sowohl psychologische als auch spirituelle Arbeit nötig, um die Seele in ihrer Tiefe zu heilen. Ihre Seelenarbeit lässt sich beschleunigen, wenn Sie die spirituellen Werkzeuge einsetzen, die im Kapitel »Meditationen und Affirmationen als Seelennahrung für den Alltag« (Seite 115 ff) beschrieben sind. Die untenstehende Affirmation können Sie sofort ausprobieren. Vergessen Sie nicht: Wenn Sie sagen: »ICH BIN«, bestätigen Sie, dass Gott in Ihnen ist, Ihre ICH BIN-Gegenwart. Stellen Sie sich vor, wie Licht auf Ihr Unterbewusstsein und Ihren bewussten Verstand herabströmt, während Sie folgende Worte sprechen:

ICH BIN beim Wechseln all meiner Kleider,
leg' Altes ab für den strahlend neuen Tag.
Mit der Sonne des Verstehens
BIN ICH erleuchtet ganz und gar.

ICH BIN Licht, innen wie außen.
ICH BIN, was immer Licht ist.
Erfülle mich, befreie mich, preise mich!
versiegle mich, heile mich, reinige mich!

I AM changing all my garments,
Old ones for the bright new day;
With the sun of understanding
I AM shining all the way.

I AM light within, without;
I AM light is all about.
Fill me, free me, glorify me!
Seal me, heal me, purify me!

7. Gespräche mit Gott

Sie können über Gebete einen direkten Draht zu Gott erhalten - sei es über Andachten oder Anrufungen. Bei Andachten gibt man sich Gott hin - mit ganzem Herzen, ganzer Seele, ganzem Geist. Bei Anrufungen ruft man das ganze Herz, die Seele und den Geist Gottes darum an, dass sie voll und ganz in unser Wesen eindringen mögen.

Zu beten bedeutet nicht nur, eine vorgeschriebene Litanei von Andachten und Bittgebeten an Gott zu sprechen. Es ist vielmehr eine tiefe Kommunikation, bei der wir aus der Tiefe unserer Seele mit Gott sprechen.

In Wirklichkeit ist ein Gebet eine Unterhaltung. Wir wenden uns nicht einfach nur an Gott. Gott wendet sich auch an uns - mit seiner Führung, seinem Trost, seiner Anleitung und Hilfe. Eine spirituelle Verbindung über ein Gebet herzustellen, bezeichnete Teresa von Avila als »intimen Austausch zwischen Freunden«. Sie warnte uns auch davor, dass, ebenso wie »Familienbande und Freundschaften durch mangelnde Kommunikation« zerbrechen, auch unsere Beziehung zu Gott zerbrechen kann, wenn wir nicht beten.

Gebete sind Nahrung für die Seele – so wie Blut für den Körper ist, ist das Gebet für die Seele – und bringt dich näher zu Gott.
Mutter Teresa

Intensive Liebe und ein Gefühl für Gott ebnen den direkten Weg zu ihm. Würden Sie mich also fragen: "Was muss ich für meinen Aufstieg tun?", würde ich sagen, dass ein grundlegender Schritt darin besteht, den Pfad der Hingabe mit aller Intensität einzuschlagen.

Sie sollten den Pfad nicht nur im Kopf haben, sondern sich auch in die Tiefen Ihrer Gefühle für Gott begeben. Machen Sie es sich zur Gewohnheit, mit ihm zu wandeln und sich mit ihm zu unterhalten. Wenn Sie der Meinung sind, er antwortet Ihnen nicht, sprechen Sie einfach weiter mit ihm. Er wird Ihnen nach einer gewissen Zeit auf einer Ebene antworten, auf der Sie ihn verstehen können. In der Tat antwortet er Ihnen immer, auch wenn Sie ihn vielleicht nicht hören.

Vielleicht haben Sie ja auch beispielsweise in Ihrem Leben schon einmal das Eingreifen der Engel erlebt, ohne diese gerufen oder zu ihnen gebetet zu haben. Ihre Seele befindet sich nämlich aufgrund dieses Lebens und auch früherer Leben in einer andauernden Beziehung mit Gott und den Engeln, auch wenn Ihnen das nicht unbedingt bewusst sein muss. Vielleicht schreit Ihre Seele von der Ebene Ihres unbewussten Verstandes zu Gott und fleht ihn um seine Hilfe an, ganz gleich, was Ihr äußerer Verstand gerade tun mag. Möglicherweise sind Sie sich der Tatsache nicht bewusst, dass Ihre Seele schon seit langer Zeit mit einem inneren Gebet beschäftigt ist. Gott beantwortet das Gebet des Herzens immer - oft, indem er seine Engel als fürsorgliche Diener schickt.

Ein Gebet, in Worte kristallisiert, schafft eine dauerhafte Wellenlänge, auf der der Dialog fortgesetzt werden muss, auch wenn unser Verstand mit anderen Dingen beschäftigt ist.
Dag Hammarskjöld

Mit einem täglichen Gebet können Sie die Verbindung Ihrer Seele zu Ihrem Höheren Selbst und zu Gott stärken. Ihr Gespräch mit Gott braucht nicht lange zu dauern. Wenn ich mir gleich morgens nach dem Erwachen als Erstes die Zeit nehme und mich über ein Gebet von Herzen mit Gott verbinde, spüre ich, dass mein Tag verwandelt ist und reibungsloser verläuft. Ich verstricke mich nicht in unnötigen Ablenkungen und Dringlichkeiten, die mich von meinen Zielen abhalten.

Neben der Erhöhung der Resonanzfähigkeit unserer Seele und der Unterstützung in praktischen Dingen ist ein Gebet von Herzen eine der effektivsten Möglichkeiten, um Karma auszugleichen. Machen Sie daher das Gebet zu einem integrierten Teil Ihres spirituellen Pfades, und erfahren Sie die Freude und Beschleunigung, die es Ihrer Seele bringen wird.

Seelenreflexionen

1. Stellen Sie jeden Tag eine spirituelle Verbindung her

Wenn Sie es sich bisher noch nicht zur Gewohnheit gemacht haben, so sollten Sie damit anfangen, sich jeden Tag etwas Zeit zu nehmen, und wenn es nur 15 Minuten sind, um zu beten, zu meditieren oder laut Affirmationen zu sprechen. Führen Sie ein Tagebuch über das, worum Sie bitten, sowie darüber, welche Inspirationen und Antworten Sie erhalten. Die Antworten können sich schnell einstellen oder eine Weile in Anspruch nehmen. Beständigkeit ist hier das Zauberwort.

2. Bleiben Sie während des Tages verbunden

Wenn Sie etwas während des Tages deprimiert, halten Sie mit dem inne, was Sie gerade tun, und suchen Sie sich ein ungestörtes Plätzchen, um die spirituelle Verbindung wieder herzustellen. Sie können dies tun, indem Sie für einige Momente die Augen schließen oder ein paar tiefe Atemzüge nehmen.

Wenn Sie diese Schlüssel anwenden, können sie Ihnen für Ihr Alltagsleben, für Ihre Beziehungen und Ihren spirituellen Weg viel Segen bringen. Wenn Sie den Berg zum Gipfel des Seins erklimmen, werden Sie merken, dass »der Weg nach oben der Mühe wert ist.«

TEIL 5

Meditationen und Affirmationen als Seelennahrung für den Alltag

Verbringen Sie wertvolle Zeit mit Ihrer Seele

Der essenzielle Bestandteil des Pfades ist ein spirituelles Leben, das im Innern über Meditation, Gebete von Herzen sowie Hingabe gepflegt wird und in der Außenwelt über Ihre Beziehungen, wozu auch oft gehört, dass man anderen hilft.

Wir haben Zugang zu enormen spirituellen Reserven, die uns täglich führen können, sogar auf praktische Weise. Doch wir müssen uns die Zeit nehmen, um diesen Quell der Weisheit zu erschließen. Es ist schwer, ein Christusbewusstsein zu entwickeln, wenn man mit dem Verstand zu 100 Prozent der Zeit in menschliche Dinge involviert ist. Sie brauchen Zeit, um spirituelle Wahrheiten zu studieren und in sich aufzunehmen. Sie brauchen Zeit für Meditation und Reflexion, Zeit, damit Ihre Seele sich mit Gott unterhalten kann.

Auch körperliche Regeneration ist für Ihren spirituellen Weg förderlich. Dies kann regelmäßige körperliche Bewegung bedeuten, den Körper zu heilen, zu fasten - eben alles zu tun, was nötig ist, um Ihre Gesundheit aufrechtzuerhalten. Körperliche Bewegung erhöht den Fluss von "prana" - der Energie, die alles Lebendige vitalisiert. Prana beeinflusst den Verstand, den Körper, den Geist und die Emotionen.

Sei gut, achte darauf, dass deine Füße trocken bleiben, dein Herz im Frieden und deine Seele in der Freude mit Christus.
Thomas Merton

Sie können kurze Trainingspausen nutzen, um mit Gott zu kommunizieren, vielleicht, indem Sie Mantren und Affirmationen sprechen, während Sie ruhig gehen. Sie können diese Zeit nutzen, indem Sie mit Ihrem heiligen Christusselbst in Kontakt treten, ihm Fragen stellen, in sein Herz Eingang finden und den Menschen in Not Segen schicken. Längere Phasen des spirituellen und körperlichen Auftankens sind ebenso förderlich für Ihr spirituelles Leben.

Wenn ich in den schönen Bergen Montanas, wo ich wohne, spazieren gehe, atme ich tief ein und bin mit Gott und der Natur in Einklang. Ich spreche meine Gebete. Immer, wenn ich in Kalifornien bin, gehe ich gern am Strand spazieren oder joggen und spreche meine Mantren.

Auch Sie können einfache Möglichkeiten finden, um inmitten des Trubels des Lebens Zeit mit Ihrer Seele zu verbringen. Seien Sie kreativ!

Die Kraft eines Gebetes, das man laut spricht

Eine kraftvolle Weise, um Ihre persönlichen Gebete von Herzen zu verstärken, besteht in der Wissenschaft des gesprochenen Wortes. Das gesprochene Gebet ist das Herzstück der Weltreligionen. Die Wissenschaft des gesprochenen Wortes, wie sie die Aufgestiegenen Meister lehren, ist eine Steigerung der Gebetsformen des Ostens und Westens. Sie kombiniert Gebete, Mantren, Affirmationen und Meditationen mit dynamischen Dekreten - kraftvoll gesprochenen Fürbitten an Gott -, und diese erzeugen eine energetische Dynamik, die wir durch unsere Chakren, unsere spirituellen Energiezentren, in die ganze Welt schicken.

Gebete, Meditationen und Dekrete sind Methoden, die dazu bestimmt sind, um an Gott und Ihr eigenes Höheres Selbst anzudocken. Es gibt für die Anwendung all dieser Arten der Hingabe einen idealen

Zeitpunkt und Ort. Doch ganz gleich, welchem Pfad Sie folgen, Sie können davon profitieren, indem Sie Ihre spirituellen Praktiken mit Dekreten bereichern. Dekrete sind die machtvollste Möglichkeit, um Zugang zu Gottes Licht zu bekommen.

Die folgenden Gebete und Affirmationen sind dazu gedacht, als dynamische Dekrete laut gesprochen zu werden. Wenn wir meditieren, kommunizieren wir mit Gott. Wenn wir beten, kommunizieren wir mit Gott und bitten um seine Hilfe. Wenn wir Dekrete sprechen, tauschen wir uns aus - wir kommunizieren und lenken Gottes Licht in unsere Welt, um die Umstände, die wir rings um uns wahrnehmen, zu verändern. Wir befehligen in der Tat den Energiestrom vom Geist zur Materie.

In vielen dieser Dekrete und Affirmationen kommt der Name Gottes "ICH BIN" vor, um Zugang zu spiritueller Macht zu haben. "ICH BIN" ist die Kurzform für "ICH BIN DER ICH BIN", der Name Gottes, der Moses offenbart wurde, als er den brennenden Busch sah. "ICH BIN DER ICH BIN" bedeutet: "Wie oben, so unten - wie Gott im Himmel ist, so ist Gott auf Erden in mir, in meinem Höheren Selbst, in meiner ICH BIN-Gegenwart. Genau dort, wo ich bin, ist die Kraft Gottes."

Jedes Mal, wenn Sie also sagen: "ICH BIN" bestätigen Sie: "Gott in mir ist ..."

Welche Aussage auch immer Sie treffen, die mit "ICH BIN" beginnt, sie wird in Ihrem Leben Wirklichkeit werden. Wenn Sie sagen: "ICH BIN krank. ICH BIN müde. ICH BIN wütend. ICH BIN ängstlich" werden sich diese Dinge auch einstellen. Sie können diese in positive Aussagen umwandeln. Doch es ist viel kraftvoller, die Energie Gottes durch Dekrete zu lenken. Denn Dekrete übersteigen das positive Denken noch.

Während Sie mit den folgenden Dekreten experimentieren, sollten Sie diese Prinzipien beherzigen. Erstens haben Überlieferungen ebenso wie moderne wissenschaftliche Studien ergeben, dass der Klang effektiv zu Veränderungen beiträgt, sogar zur Heilung. Wenn wir also das Licht und die Energie Gottes zum Zwecke der Verwandlung auf uns herabziehen möchten, ist es unerlässlich, Dekrete laut zu sprechen.

Zweitens können wir die Kraft unserer Gebete erhöhen, wenn wir spezifisch benennen und visualisieren, was wir stattfinden lassen wollen. Alles, worauf wir unsere Aufmerksamkeit richten, laden wir mit Energie auf. Das Bild, das wir vor unserem geistigen Auge haben, ist wie eine Blaupause, und unsere

Aufmerksamkeit ist der Magnet, der die kreativen Energien des Geistes anzieht, um es damit anzufüllen.

Drittens erhöht die Wiederholung den Nutzen des gesprochenen Gebetes. Dekrete, Fiats und Mantren sind alle dazu da, um wiederholt zu werden. In Asien sprechen die Menschen ihre Mantren immer wieder, bis zu Tausenden von Malen am Tag. Doch im Westen sind wir Derartiges nicht gewohnt.

Oft werde ich gefragt: "Warum sollte ich Gott mehr als einmal um etwas bitten?" Die Antwort lautet, dass man mit der Wiederholung eines Gebetes nicht einfach die Bitte wieder und wieder vorbringt, sondern in Wirklichkeit verstärkt man die Kraft der Bitte, indem man sie mit mehr Lichtenergie Gottes auflädt. Man kann dabei auch in einen Zustand des Einsseins mit Gott treten.

Wenn Sie das erste Mal ein Dekret sprechen, werden Sie es langsam und bedächtig sprechen wollen, wobei Sie jedes Wort mit der intensiven Liebe zu Gott durchtränken. Es liegt große Kraft in einem Dekret, das man langsam spricht. Eine andere Art von Kraft entsteht dann, wenn man die Sprechgeschwindigkeit allmählich erhöht und die Tonhöhe des Dekretes anhebt. Während Sie die Geschwindigkeit Ihrer Dekrete erhöhen, werden Sie merken, dass sie Ihre Schwingung effektiver erhöhen. Die Beschleunigung sollte nicht künstlich erfolgen. Sie sollte sich für Sie natürlich anfühlen - das Dekret sollte wie von selbst schneller werden.

Ziel aller effektiven Dekrete ist es, die Kraft Ihres wahren Selbst zu entfesseln und Gottes Energie in die physische Welt zu ziehen.

So bitten Sie um Schutz für Ihre Seele

Ihre Seele ist etwas Zartes. Beim Anblick eines Neugeborenen können Sie die Zartheit Ihrer eigenen Seele erkennen. Sie braucht Nahrung und Fürsorge, damit sie in dieser Welt leben will, die schwer, hart, ja sogar elend sein kann.

Gautama Buddha sagte einst: "Du kannst auf der ganzen Welt suchen und wirst niemanden finden, der mehr Liebe verdient als du selbst." Wenn wir dauerhafte Veränderungen in unserem Leben bewirken möchten, müssen wir unsere Seele lieben, nähren und beschützen - und sie so in diese Qualitäten des Lichtes Gottes einhüllen.

Sie können die folgenden Affirmationen einsetzen, um Ihre Seele in Windeln aus Licht zu wickeln.

Säule des Lichts

Die Säule des Lichts ist ein Schutzschild aus weißem Licht von etwa drei Metern Durchmesser, die von dem ICH BIN DER ICH BIN über Ihnen herabströmt und sich bis unter Ihre Füße erstreckt (siehe Abbildung auf Seite 20).

Sie kann uns vor Energien des Bösen schützen, die möglicherweise auf uns gerichtet sind - durch Wut, Verurteilung, Hass oder Eifersucht. Wenn Sie ungeschützt sind, können diese Schwingungen Sie reizbar oder depressiv machen. Sie können sogar dazu führen, dass Sie Unfälle haben.

Das weiße Licht kann uns auch vor dem Sog des Massenbewusstseins schützen. Wenn wir uns nach einem Ausflug in die Stadt oder nach dem Einkaufen ausgelaugt fühlen, dann oft deshalb, weil unsere Energie abgezogen wurde. Die Säule des Lichts hilft uns dabei, zentriert und in Frieden zu bleiben.

Es ist eine gute Idee, dieses Dekret jeden Morgen zu sprechen, bevor die Hektik und der Stress des Tages beginnen.

Visualisierung und Meditation:

Stellen Sie sich vor, wie sich das gleißend weiße Licht, das von Ihrer ICH BIN-Gegenwart kommt und heller ist als Sonnenlicht, das auf frisch gefallenen Schnee fällt, verdichtet, um eine undurchdringliche Wand aus Licht um Sie herum aufzubauen. In dieser funkelnden Lichtsäule sehen Sie sich selbst, eingehüllt in die violette Flamme. Den ganzen Tag über können Sie diesen spirituellen Schutz verstärken, indem Sie die Lichtsäule um sich herum visualisieren und das Dekret wiederholen.

Säule des Lichts

Geliebte, strahlende ICH BIN-Gegenwart,
versiegele deine Säule aus Licht um mich,
das stammt von Aufgestiegener Meister Flamme,
die ich jetzt anrufe in Gottes Namen.
Möge sie meinen Tempel freihalten
von aller Zwietracht, die man mir schicken will.
ICH rufe an das violette Feuer,
alle Verlangen zu erhellen und zu verwandeln.
Es möge brennen im Namen der Freiheit,
bis ICH BIN eins mit der violetten Flamme.

Tube of Light

Beloved I AM Presence bright,
Round me seal your tube of light
From ascended master flame
Called forth now in God's own name.
Let it keep my temple free
From all discord sent to me.

I AM calling forth violet fire
To blaze and transmute all desire,
Keeping on in freedom's name
Till I AM one with the violet flame.

Dekrete und Affirmationen zum Schutz

Erzengel Michael, der Fürst der Erzengel, ist in den jüdischen, christlichen und islamischen Schriften und Überlieferungen der größte und am meisten verehrte aller Engel. Er ist für uns ein echter Freund. Mit seinen Legionen des Lichts hat er sich seit Jahrtausenden unserem Schutz und der Stärkung unseres Willens und Glaubens verschrieben.

Visualisierung:

Während Sie das folgende Dekret sprechen, visualisieren Sie, wie Erzengel Michael und seine mächtigen blauen Engel Sie von allen Seiten umringen. Während Sie sprechen: "ICH BIN seine beschützende Liebe hier!", sehen Sie vor sich, wie Erzengel Michael jeden auf Erden beschützt.

Dieses Dekret lässt sich großartig beim Autofahren einsetzen. Sie können visualisieren, wie Erzengel Michael und seine Engel jeden Wagen auf der Straße einhüllen in einen schützenden Kokon. Sie können dieses Dekret auch mit der dazugehörigen Visualisierung immer dann einsetzen, wenn Sie das Gefühl haben, dass Sie sich vor Angriffen oder Negativem schützen müssen.

Schutz auf Reisen

Erzengel Michael vorne!
Erzengel Michael hinten!
Erzengel Michael rechts von mir!
Erzengel Michael links von mir!
Erzengel Michael oben!
Erzengel Michael unten!
Erzengel Michael, Erzengel Michael,
wo auch immer ich geh'!

ICH BIN seine beschützende Liebe hier!
ICH BIN seine beschützende Liebe hier!
ICH BIN seine beschützende Liebe hier!

Lord Michael before, Lord Michael behind,
Lord Michael to the right, Lord Michael to the left,
Lord Michael above, Lord Michael below,
Lord Michael, Lord Michael wherever I go!

I AM his love protecting here!
I AM his love protecting here!
I AM his love protecting here!

Ein Fiat ist eine kurze, kraftvolle Aussage in Form eines Ausrufs, mit dem man das Licht Gottes herbeiruft. Wenn man ein Fiat mit Inbrunst und Liebe spricht, so ruft man die Hilfe der himmlischen Engelsscharen herbei. Das folgende Fiat können Sie benutzen, um den sofortigen Schutz durch Erzengel Michael herbeizurufen:

»Erzengel Michael,
hilf mir! Hilf mir! Hilf mir!«

Erzengel Michael

Die spirituelle Alchemie der violetten Flamme

Die violette Flamme (siehe hierzu die Darstellung Ihres göttlichen Selbst auf Seite 20, wo sie die untere Gestalt umhüllt) kann unsere Schwingung erhöhen und uns stärken. Sie kann zur Heilung emotionaler und sogar körperlicher Probleme beitragen, Beziehungen verbessern und das Leben freudvoller machen. Das Wichtigste aber ist, dass die violette Flamme negative Energie in positive verwandelt.

Die violette Flamme ist eine Flamme der Vergebung, und ihre Aktivität ist spirituelle Alchemie. Wir haben alle gesündigt und unsere spirituellen Kleider beschmutzt, doch die violette Flamme kann uns von diesen Sünden reinigen. Sie ist das spirituelle Licht, das Gnade, Vergebung und Transmutation anregt. "Transmutation" ist die Umwandlung in eine höhere Form. Dieser Begriff wurde vor Jahrhunderten von den Alchemisten benutzt, die die Verwandlung auf physischer Ebene - um unedle Metalle in Gold zu verwandeln - und auf spiritueller Ebene - um die Verwandlung und das ewige Leben zu erlangen - zu erreichen versuchten. Die violette Flamme kann in der Tat eine Verwandlung auf physischer und spiritueller Ebene erzeugen. Es ist eine hochfrequente und spirituelle Energie, die die groben Elemente unseres Karmas vom Gold unseres wahren Selbst löst und diese so verwandelt, dass wir unser höchstes Potenzial erlangen können.

Die violette Flamme wurde als das größte Geschenk Gottes ans Universum bezeichnet. Doch um dieses Geschenk zu erhalten, muss man es anrufen und selbst erfahren. Versuchen Sie, damit zu experimentieren. Dies ist Ihr Labor, Sie sind der Alchemist und Sie sagen: "Ich probiere diese violette Flamme aus. Ich werde einmal schauen, was sie für mich tun kann." Ich kann Ihnen erzählen, was sie für mich in all den Jahren getan hat, in welchen ich sie verwendet habe. Sie hat mich völlig befreit - sie hat mich als Seele befreit, als Wesen, als Frau. Sie hat mich von meinem Karma und von meinen niederen Bewusstseinszuständen befreit, die ich selbst genauso besaß wie jeder andere Mensch auch. Ich kann Ihnen sagen, dass Sie, wenn Sie ein Mantra zur violetten Flamme sprechen, Freude empfinden können - eine ungeheure, tiefe Freude. Sie können Freiheit, Licht, Hoffnung und Glück spüren. Es wird bei jedem Einzelnen eine unterschiedlich lange Zeit dauern, einen Tag bis zu mehreren Monaten, bis er Ergebnisse sieht. Doch wenn Sie beharrlich dabei bleiben, werden Sie beginnen, die Resultate zu spüren. Experimentieren Sie damit. Versuchen Sie, Dekrete zur violetten Flamme mindestens einen Monat lang zu sprechen, eine Viertelstunde am Tag, und beachten Sie die positiven Veränderungen, die sich in Ihrem Leben einzustellen beginnen.

Da jeden Morgen ein neues Päckchen Karma vor unserer Haustür liegt, sprechen viele Menschen gern ihre Dekrete zur violetten Flamme, bevor ihr Tag beginnt. Doch wir können unsere Dekrete überall und jederzeit sprechen - unter der Dusche, in unserem heiligen Raum, während wir unsere Hausarbeit verrichten oder bevor wir zu Bett gehen. In der Tat kann es viel bewirken, wenn Sie, jedes Mal, wenn Sie sich angespannt, müde oder gereizt fühlen, ein Mantra zur violetten Flamme sprechen. Den größten Nutzen werden Sie jedoch von der violetten Flamme erzielen, wenn Sie sich jeden Tag eine bestimmte Zeitspanne reservieren, um ohne Unterbrechung Dekrete zu sprechen. Ein guter Einstieg ist es, wenn Sie eine oder alle der folgenden Affirmationen sprechen und diese wiederholen, so oft Sie Lust haben.

Visualisierung:

Visualisieren Sie, wie die violette Flamme die Menschen, Ereignisse und Themen, für die sie beten, durch und durch durchdringt und einhüllt. Stellen Sie sich vor, wie die tanzende violette Flamme negatives Karma und Gewohnheitsmuster verzehrt. Stellen Sie sich vor, wie die violettfarbene Flamme in Ihrem Herzen und in den Herzen aller, um die Sie sich Gedanken machen, jegliche Härte weich macht und anschließend wegschmilzt, um so Wut in Mitgefühl, Verbitterung in Milde und Angst in Frieden zu verwandeln - und alle in Vergebung zu baden.

Mantra zur violetten Flamme

»ICH BIN ein Wesen des violetten Feuers!
ICH BIN die Reinheit, die Gott wünscht!«

I AM a being of violet fire!
I AM the purity God desires!

Vergebung

ICH BIN die Vergebung, die hier wirkt,
die alle Zweifel und Furcht vertreibt

und die alle Menschen immerwährend
durch ihre Flügel des kosmischen Sieges befreit.
ICH BIN der Ruf in voller Kraft,
der stündlich um Vergebung bittet.
An alle Lebewesen an jedem Ort
verströme ich meine verzeihende Gnade.

Forgiveness
I AM forgiveness acting here,
Casting out all doubt and fear,
Setting men forever free
With wings of cosmic victory.
I AM calling in full power
For forgiveness every hour;
To all life in every place
I flood forth forgiving grace.

ICH BIN die violette Flamme

ICH BIN die violette Flamme,
die jetzt in mir brennt.
ICH BIN die violette Flamme
und beuge mich nur dem Licht.
ICH BIN die violette Flamme
in all ihrer kosmischen Kraft.

ICH BIN das Licht Gottes,
das beständig scheint.
ICH BIN die violette Flamme,
die glüht wie eine Sonne.
ICH BIN Gottes heilige Kraft,
die jeden befreit.

I AM the Violet Flame

I AM the violet flame
In action in me now.
I AM the violet flame
To light alone I bow.
I AM the violet flame
In mighty cosmic power.
I AM the light of God
Shining every hour.
I AM the violet flame
Blazing like a sun.
I AM God's sacred power
Freeing every one.

Dekrete, die Ihre Seele nach Hause zurückbringen

Die "Dekrete für Herz, Kopf und Hand" stellen eine einfache, kraftvolle Möglichkeit dar, um den Verlauf Ihres Tages zu bestimmen. Jede Strophe markiert einen Schritt hin zu dem Ziel, eins mit Gott zu werden. Wenn Sie alle Strophen hintereinander sprechen, werden Sie sich vor allem daran erinnern, dass sich Ihre Seele auf der spirituellen Heimreise zurück zu ihrer Quelle befindet.

Diese Dekrete helfen Ihnen dabei, Ihren Weg zur Wiedervereinigung mit Gott zu feiern und tagtäglich mehr von seinem Bewusstsein zu erfahren. Sie können jeden Teilabschnitt einmal, dreimal oder so oft sprechen, wie Sie möchten.

Herz

Violettes Feuer, du göttliche Liebe,
lodere in meinem Herzen!
Du bist Gnade für immer wahr,
halte mich stets im Einklang mit dir.

Kopf

ICH BIN Licht, du Christus in mir,
befreie meinen Geist für immer.
Violettes Feuer, leuchte stets
tief in diesem meinem Geist.

Gott, der du mir schenkst mein täglich' Brot,
erfülle meinen Kopf mit violettem Feuer,
bis deine himmlische Ausstrahlung
aus meinem Geist einen Lichtgeist macht.

Hand

ICH BIN die Hand Gottes in Aktion,
die jeden Tag den Sieg davonträgt.
Die höchste Freude meiner reinen Seele
ist es, den goldenen Mittelweg zu gehen.

Heart

Violet fire, thou love divine,
Blaze within this heart of mine!
Thou art mercy forever true,
Keep me always in tune with you.

Head

I AM light, thou Christ in me,
Set my mind forever free;

Violet fire, forever shine
Deep within this mind of mine.

God who gives my daily bread,
With violet fire fill my head
Till thy radiance heavenlike
Makes my mind a mind of light.

Hand
I AM the hand of God in action,
Gaining victory every day;
My pure soul's great satisfaction
Is to walk the Middle Way.

Säule des Lichts

Geliebte, strahlende ICH BIN-Gegenwart,
versiegele deine Säule aus Licht um mich,
das stammt von Aufgestiegener Meister Flamme,
die ich jetzt anrufe in Gottes Namen.
Möge sie meinen Tempel freihalten
von aller Zwietracht, die man mir schickt.

ICH rufe an das violette Feuer,
alle Verlangen zu erhellen und zu verwandeln.
Es möge brennen im Namen der Freiheit,
bis ICH BIN eins mit der violetten Flamme.

Tube of Light

Beloved I AM Presence bright,
Round me seal your tube of light
From ascended master flame
Called forth now in God's own name.
Let it keep my temple free
From all discord sent to me.

I AM calling forth violet fire
To blaze and transmute all desire,
Keeping on in freedom's name
Till I AM one with the violet flame.

Vergebung

ICH BIN die Vergebung, die hier wirkt,
die alle Zweifel und Furcht vertreibt
und die alle Menschen immerwährend
durch ihre Flügel des kosmischen Sieges befreit.
ICH BIN der Ruf in voller Kraft,
der jede Stunde um Vergebung bittet.
An alle Lebewesen an jedem Ort
verströme ich meine verzeihende Gnade.

Forgiveness

I AM forgiveness acting here,
Casting out all doubt and fear,
Setting men forever free
With wings of cosmic victory.

I AM calling in full power
For forgiveness every hour;
To all life in every place
I flood forth forgiving grace.

Versorgung

ICH BIN frei von Angst und Zweifel,
treib' Verlangen und Elend aus.
Weiß jetzt, dass jede gute Gabe
immer aus den höheren Reichen kommt.

ICH BIN die Hand von Gottes ureigenster Quelle,
die die Schätze des Lichts strömen lässt.
Ich empfange nun die ganze Fülle,
um jede Not im Leben zu stillen.

Supply

I AM free from fear and doubt,
Casting want and misery out,

Knowing now all good supply
Ever comes from realms on high.

I AM the hand of God's own fortune
Flooding forth the treasures of light,
Now receiving full abundance
To supply each need of life.

Perfektion

ICH BIN das Leben unter Gottes Führung,
durchflute mich mit deinem Licht der Wahrheit,
richte hierher Gottes Perfektion,
von aller Zwietracht befreie mich.
Veranker' mich fest und für immer
in der Gerechtigkeit deines Plans –
ICH BIN die Gegenwart der Perfektion,
die das Leben Gottes im Menschen lebt!

Perfection

I AM life of God-direction,
Blaze thy light of truth in me.
Focus here all God's perfection,
From all discord set me free.

Make and keep me anchored ever
In the justice of thy plan –

I AM the presence of perfection
Living the life of God in man!

Verklärung

ICH BIN beim Wechseln all meiner Kleider,
leg' Altes ab für den strahlend neuen Tag.
Mit der Sonne des Verstehens
BIN ICH erleuchtet ganz und gar.

ICH BIN Licht, innen wie außen.
ICH BIN, was immer Licht ist.
Erfülle mich, befreie mich, preise mich!
Versiegle mich, heile mich, reinige mich!
Bis sie sagen, dass ich verwandelt bin:
Ich scheine wie der Sohn,
ich scheine wie die Sonne!

Transfiguration

I AM changing all my garments,
Old ones for the bright new day;
With the sun of understanding
I AM shining all the way.

I AM light within, without;
I AM light is all about.

Fill me, free me, glorify me!
Seal me, heal me, purify me!
Until transfigured they describe me:
I AM shining like the Son,
I AM shining like the Sun!

Auferstehung

ICH BIN die Flamme der Auferstehung,
durchflute mich mit Gottes reinem Licht.
Jetzt beschleunige ich jedes Atom,
ICH BIN befreit von allen Schatten.
ICH BIN das Licht von völliger
Gottes-Gegenwart.
ICH BIN das Leben in immerwährender Freiheit.
Die Flamme des ewigen Lebens
erhebt sich nun zum Sieg.

Resurrection
I AM the flame of resurrection
Blazing God's pure light through me.
Now I AM raising every atom,
From every shadow I AM free.

I AM the light of God's full Presence,
I AM living ever free.

Now the flame of life eternal
Rises up to victory.

Der Aufstieg

ICH BIN das Licht des Aufstiegs,
der Sieg, der frei fließt.
Letztlich siegte das Gute
für alle Ewigkeit.

ICH BIN Licht, alle Last ist gewichen.
Ich erhebe mich in die Luft.
Mit ganzer Gotteskraft vergieße ich an alle
mein wundersames Lied des Lobpreises.

Oh Jubel! ICH BIN der lebendige Christus,
der ewig Liebende.
Aufgestiegen nun mit ganzer Gotteskraft;
ICH BIN eine strahlende Sonne!

Ascension

I AM ascension light,
Victory flowing free,
All of good won at last
For all eternity.

I AM light, all weights are gone,
Into the air I raise;
To all I pour with full God power
My wondrous song of praise.

All hail! I AM the living Christ,
The ever-loving One.
Ascended now with full God power,
I AM a blazing Sun!

Eine Lichtmeditation

Das folgende Dekret mit der Affirmation "ICH BIN Licht" ist eine Meditation über Ihr wahres Selbst. Sie können es zum Abschluss Ihrer spirituellen Übungen einsetzen, als Vorbereitung auf den nächtlichen Schlaf, oder immer dann, wenn Ihre Seele inmitten des täglichen Lebens das Bedürfnis hat, sich an ihre göttliche Identität zu erinnern.

Ein jüdischer Kabbalist und Mystiker des 13. Jahrhunderts hat folgenden Rat erteilt:

»Was immer man fest in den Verstand einpflanzt, wird zum essenziellen Ding. Wenn Sie also beten und einen Segen zu Gott sprechen oder wünschen, dass Ihre Absicht in Erfüllung gehen möge, so stellen Sie sich vor, Sie seien Licht. Überall um Sie herum – in jedem Winkel und auf allen Seiten – ist Licht. Drehen Sie sich nach rechts, und Sie werden leuchtendes Licht vorfinden. Zu Ihrer Linken: ein Glanz, ein strahlendes Licht. Dazwischen, hoch oben, das Licht Seiner Gegenwart. Dies alles ist eingehüllt vom Licht des Lebens. Über allem eine Lichtkrone – die das Sehnen der Gedanken krönt, die Pfade der Vorstellungskraft hell erleuchtet und das Strahlen der Vision verbreitet. Dieses Licht ist unermesslich und unendlich.«[10]

Visualisierung und Meditation:
Stellen Sie sich vor, Sie seien Licht. Sehen Sie, wie das kosmische Strahlen des weißen Feuers Sie erfüllt und einhüllt. Wenn Gedanken auftauchen, schicken Sie diese einfach in dieses Licht. Stellen Sie sich auch vor, was dieses Licht für Sie tun kann – wie es Ihren Körper, Verstand und Geist stärken kann.

Meditieren Sie, während Sie dieses Dekret sprechen, über die Vereinigung Ihrer Seele mit ihrem Höheren Selbst und der ICH BIN-Gegenwart sowie ihre Rückkehr nach Hause von ihrer langen Reise.

ICH BIN Licht

ICH BIN Licht, glühendes Licht,
strahlendes Licht, intensives Licht.
Gott verzehrt meine Dunkelheit
und verwandelt sie in Licht.

ICH BIN heute ein Brennpunkt
der zentralen Sonne.
Durch mich strömt ein kristallener Fluss,
eine lebendige Fontäne des Lichts,
die sich niemals prägen lässt
durch menschliches Denken und Fühlen.
ICH BIN ein Vorposten des Göttlichen.
Das Dunkel, das mich benutzt hat,
wurde verschlungen
vom mächtigen Fluss des Lichts,
das ICH BIN.

ICH BIN, ICH BIN, ICH BIN Licht.
Ich lebe, ich lebe, ich lebe in Licht.
ICH BIN des Lichts vollste Dimension.
ICH BIN des Lichts reinste Intention.

ICH BIN Licht, Licht, Licht,
das die Welt überflutet, wo ich auch gehe und stehe,
und sie segnet, stärkt und ihr
die Absichten des Himmelreiches übermittelt.

I AM Light

I AM light, glowing light,
Radiating light, intensified light.
God consumes my darkness,
Transmuting it into light.

This day I AM a focus of the Central Sun,
Flowing through me is a crystal river,
A living fountain of light
That can never be qualified
By human thought and feeling.

I AM an outpost of the Divine.
Such darkness as has used me is swallowed up
By the mighty river of light which I AM!

I AM, I AM, I AM light;
I live, I live, I live in light.
I AM light's fullest dimension;
I AM light's purest intention.
I AM light, light, light

Flooding the world everywhere I move,
Blessing, strengthening, and conveying
The purpose of the kingdom of heaven.

Tief im Meer liegen Perlen, doch man muss alles riskieren, um sie zu finden. Wenn du beim ersten Tauchen keine Perlen findest, solltest du nicht daraus folgern, dass es in diesem Meer keine gibt. Tauche immer wieder hinab. Am Ende wirst du mit Sicherheit belohnt werden. Genauso verhält es sich mit der Suche nach dem Herrn in dieser Welt. Verliere nicht den Mut, wenn dein erster Versuch fruchtlos verläuft. Setze deine Bemühungen hartnäckig fort. Du wirst ihn am Ende mit Sicherheit erkennen.

Sri Ramakrishna

Anmerkungen

1) Diese Geschichte basiert auf "The Hymn of the Pearl" ("Das Loblied auf die Perle"). Siehe Bentley Layton, "The Gnostic Scriptures" ("Die gnostischen Schriften"), Garden City, New York, Doubleday and Co, 1987, S. 371-75. Siehe auch Elizabeth Clare Prophet, "Reincarnation: The Missing Link in Christianity" ("Reinkarnation - das fehlende Glied des Christentums"), S. 138-40.* Im Originaltext des "Loblieds auf die Perle" wurde das ferne Land, das die materielle Welt darstellt, in der wir leben, die Ebene der Sterblichkeit, "Ägypten" genannt.

2) Siehe 2. Moses 3, 13-15.

3) Siehe Offenbarung 22, 1.

4) Zohar 1, 99b bei Harry Sperling, Maurice Simon und Paul P. Levertroff, Übersetzer, "The Zohar" ("Der Zohar"), 5 Bände, London, Soncino Press, 1934, 1, 324. Zitiert bei Elizabeth Clare Prophet in "Kabbalah: Key to Your Inner Power" ("Kabbalah - Schlüssel zu Ihrem inneren Potenzial"), S. 119.

5) Siehe "Mit Engeln arbeiten", Verlag Die Silberschnur (engl. Originaltitel: "How to Work with Angels") von Elizabeth Clare Prophet.

---

* *Sofern nicht anders angegeben, wurden alle Titel bei Summit University Press veröffentlicht.*

6) Siehe "Lords of the Seven Rays: Mirror of Consciousness" ("Die Herren der sieben Strahlen - Spiegel unseres Bewusstseins") von Mark L. Prophet und Elizabeth Clare Prophet.

7) Eine Hilfe bei der Entschlüsselung Ihrer Träume finden Sie bei Marilyn C. Barrick, "Dreams: Exploring the Secrets of Your Soul" ("Träume - Erforschen Sie die Geheimnisse Ihrer Seele").

8) "The Book of Her Life" ("Das Buch ihres Lebens"), 8, 5 und "The Way of Perfection" ("Der Weg zur Perfektion") 26, 9, in: "Collected Works of St. Teresa of Avila" ("Gesammelte Werke der heiligen Teresa von Avila"), übersetzt von Kieran Kavanaugh und Otilio Rodriguez, Washington, D.C., ICS Publications, 1976, 1, 67 und 2, 136.

9) "The trek upward is worth the incovenience" ("Der Weg nach oben ist der Mühe wert"), El Morya, Hüter der Flamme, Lektion 3.

10) Daniel C. Matt, "God and the Big Bang: Discovering Harmony between Science and Spirituality" ("Gott und der Urknall - Die Entdeckung der Harmonie zwischen Wissenschaft und Spiritualität"), Woodstock, Vt., Jewish Lights Publishing, 1996, S. 73. Zitiert in Elizabeth Clare Prophet, "Kabbalah", S. 249.

Über die Autorin

Elizabeth Clare Prophet ist eine weltberühmte Autorin. Zu ihren Bestsellern zählen "Gefallene Engel und der Ursprung des Bösen", "The Lost Years of Jesus" ("Die verlorenen Jahre Jesu"), die Serie "The Lost Teachings of Jesus" ("Die verlorenen Lehren Jesu"), "Kabbalah: Key to Your Inner Power" ("Kabbala - der Schlüssel zu Ihrem inneren Potenzial"), "Reincarnation: The Missing Link in Christianity" ("Reinkarnation - Das fehlende Glied des Christentums") sowie ihre Taschenbuchratgeber zur praktischen Spiritualität, darunter: "Chakren, die 7 Energiezentren des Körpers", "Karma in der Praxis", "Alchemie des Herzens" und "Seelenpartner & Zwillingsseelen".

Sie ist eine Pionierin auf dem Gebiet der Erforschung von Techniken zur praktischen Spiritualität, wie etwa der kreativen Kraft des Klanges für das persönliche Wachstum, und zur Verwandlung der Welt. Eine große Auswahl ihrer Bücher ist in mehr als 25 Sprachen übersetzt worden und wird weltweit vertrieben.

Elizabeth Clare Prophet setzte sich 1999 zur Ruhe und lebt derzeit in den Rocky Mountains von Montana. Die bisher unveröffentlichten Werke von Mark L. Prophet und Elizabeth Clare Prophet werden nach wie vor von Summit University Press herausgegeben.

INFORMATION: Für weitere Informationen zu Büchern, Kassetten, CDs in englischer Sprache und Seminaren zu den spirituellen Techniken dieses Buches wenden Sie sich bitte an:

Summit University Press · 63 Summit Way, Gardiner, Montana 59030
Tel.: 406-848-9500 - Fax: 406-848-9555
http://www.summituniversitypress.com

E-mail: info@summituniversitypress.com

128 Seiten, broschiert
ISBN 978-3-89845-049-2
€ [D] 6,95

Elizabeth Clare Prophet

Mit Engeln arbeiten

Dieses Buch bringt einem bei, wie man mit Engeln Freundschaft schließt, sodass diese bereit sind, uns ihre Hilfe zukommen zu lassen. Denn wir haben sie um ihre Hilfe zu bitten. Erst dann dürfen sie uns helfend zur Seite stehen. Hier werden die praktischen Schritte in einem Zehn-Punkte-Programm aufgezeigt, wie man sich mit ihnen in Verbindung setzt, sich weiterhin ihrer Hilfe vergewissert und in Zusammenarbeit mit ihnen viel Gutes für sich und andere bewirkt.
Dieses Büchlein ist nicht nur ein Ratgeber, sondern vor allem eine praktische Anleitung, seinem Leben mit Hilfe der Engel eine höhere Qualität zu geben.

128 Seiten, broschiert,
ISBN 978-3-89845-089-8
€ [D] 6,95

Elizabeth Clare Prophet

Die Violette Flamme

Heilung für Körper, Geist & Seele

Die Violette Flamme ist ein Licht, das allen Lebensformen dient und ihnen Achtung und Würde verleiht. Sie ist ein Mittel, sich untereinander zu verbinden und eine Form spiritueller Energie. Sie ist das Attribut des geheimnisvollen Grafen St. Germain, dessen Botschaften E. C. Prophet unter anderem erhält. Heiler und Alchemisten in aller Welt nutzen diese hochfrequente Energie, um Harmonie und Frieden in diese Zeit des spektakulären Übergangs in ein neues Bewusstsein zu bringen. Der Leser erhält in diesem Band unserer “Kleinen Reihe” das Rüstzeug, um mit der Violetten Flamme zu arbeiten.

272 Seiten, broschiert
ISBN 978-3-89845-107-9
€ [D] 6,95

Elizabeth C. Prophet / P. R. Spadaro

CHAKREN – deine sieben Energiezentren

Dieses Buch vermittelt – basierend auf der Lehre vom feinstofflichen Energiesystem unseres Körpers – kraftvolle Einsichten und Werkzeuge, um wieder heil und ganz zu werden. Quelle dieses Wissens sind verschiedenste spirituelle Traditionen, die uns anleiten, wie wir unsere Seele über die sieben Schritte des persönlichen Wachstums voranbringen können. Dieses Werk beinhaltet darüber hinaus ganzheitliche Techniken zur Wiederherstellung der energetischen Balance unseres Körpers – angefangen bei Homöopathie über Vitamine und Heilbäder bis hin zur Arbeit mit Meditationen, Affirmationen und Visualisierungen.

184 Seiten, broschiert,
ISBN 978-3-89845-249-6
€ [D] 6,95

Elizabeth Clare Prophet

Die Engel dir zur Seite

In ihren Erzengel-Bänden hat sich die amerikanische Bestsellerautorin Elizabeth Clare Prophet als wahre Engelspezialistin erwiesen. In diesem Buch geht es um den oder die Schutzengel, die dem Menschen zum Schutz zur Seite gestellt sind.
Christus selbst ist unser bedeutsamster Schutzengel, und er führt die anderen Schutzengel an, die unseren Weg begleiten. Doch wir haben nicht nur einen Schutzengel – wir haben viele. Der Leser wird behutsam durch praktische Übungen und interessante Enthüllungen in die Welt der Schutzengel entführt. So können wir lernen, all diese Engel in unser Leben zu integrieren.

128 Seiten, broschiert
ISBN 978-3-89845-207-6
€ [D] 6,95

Elizabeth Clare Prophet

Erzengel Gabriel

Die amerikanische Bestsellerautorin Elizabeth C. Prophet gibt Ihnen in ihrem neuesten Buch das Rüstzeug an die Hand, um mit Erzengel Gabriel arbeiten zu können, damit dieser Ihnen wieder Freude, Hoffnung und kraftvolle Energie schenken kann, indem er Ihnen hilft, Ihre Wünsche zu bestimmen, sich in schwierigen Situationen zu entscheiden, sich aus destruktiven Energien zu befreien, Ihr inneres Kind zu heilen, oder er leitet Sie auch sicher aus Hoffnungslosigkeit, Depressionen und Trübsal. – Alles, was Sie dafür tun müssen, ist, den Engel zu rufen und ihn um Hilfe zu bitten …

144 Seiten, broschiert,
ISBN 978-3-89845-263-2
€ [D] 6,95

Elizabeth Clare Prophet

Die Kraft deines höheren Selbst

Die Kraft deines höheren Selbst stellt einfache Techniken vor, die dabei behilflich sind, eine enge, gut funktionierende Beziehung zu seinem Geist zu entwickeln – sowie die Freude, den Frieden und die Stärkung zu erfahren, die das spirituelle Geburtsrecht sind. Wer mit seinem höheren Selbst auf einer Wellenlänge ist, wird liebevoller und sensibler für die eigenen Bedürfnisse und die Bedürfnisse anderer. Man erfüllt sein Lebensziel und bringt seine größtmögliche Kreativität zum Ausdruck.
Erfahre die zehn dynamischen Schritte zum spirituellen Erwachen, mit deren Hilfe du dein volles Potenzial verwirklichen kannst.

E. C. Prophet & M. L. Prophet

Saint Germain

Aus der Fülle schöpfen

152 Seiten, broschiert,
ISBN 978-3-89845-250-2
€ [D] 6,95

Fülle ist mehr als nur Geld. Fülle bezeichnet den Energiefluss, der sowohl als spiritueller als auch als materieller Reichtum aus der kosmischen Quelle zu uns herabströmt. Fülle bedeutet Liebe und Weisheit, Talente und Fähigkeiten, Geld und materielle Besitztümer – all das, was wir benötigen, um unsere Lebensaufgabe zu erfüllen. Die Möglichkeiten, aus der Fülle zu schöpfen, sind unbegrenzt, und anhand der Anleitungen eines der größten Meister, St. Germain, und der einfachen, detailliert beschriebenen Techniken ist es auch Ihnen möglich, aus Ihrer persönlichen Alchemie der Fülle zu schöpfen ...

Elizabeth Clare Prophet

Seraphim

Die Engel des Erfolges

122 Seiten, broschiert,
ISBN 978-3-89845-264-9
€ [D] 6,95

Rufen Sie die Engel des Erfolges an, und bitten Sie diese, Ihnen dabei zu helfen, erfolgreich zu sein und die nötige Entschlossenheit an den Tag zu legen, um ein bestimmtes Ziel zu erreichen. Wenn Sie kein spezifisches Ziel in Ihrem Leben haben, so fragen Sie: »Was ist das Besondere, wofür ich mich so richtig begeistern kann?« Dieser brennende Wunsch in Ihrem Herzen ist der Schlüssel, der es Ihnen ermöglichen wird, Ihr Lebensziel zu finden.

Dieses Buch gibt Ihnen praktische Hinweise, um Ihrer Berufung zu folgen, das Ziel fest im Auge zu behalten und auf Erfolgskurs zu bleiben ...